现代高校篮球运动教学理论及其训练研究

李欧凯 著

吉林出版集团股份有限公司
全国百佳图书出版单位

图书在版编目（CIP）数据

现代高校篮球运动教学理论及其训练研究/李欧凯著.－－长春：吉林出版集团股份有限公司，2023.5
ISBN 978-7-5731-3596-4

Ⅰ.①现… Ⅱ.①李… Ⅲ.①篮球运动—体育教学—教学研究—高等学校②篮球运动—运动训练—教学研究—高等学校 Ⅳ.①G841.2

中国国家版本馆CIP数据核字(2023)第104719号

现代高校篮球运动教学理论及其训练研究
XIANDAI GAOXIAO LANQIU YUNDONG JIAOXUE LILUN JI QI XUNLIAN YANJIU

著　　者	李欧凯
责任编辑	赵　萍
封面设计	王　哲
开　　本	710 mm×1000 mm　1/16
字　　数	202千字
印　　张	12
版　　次	2024年1月第1版
印　　次	2024年1月第1次印刷
印　　刷	北京厚诚则铭印刷科技有限公司

出　　版	吉林出版集团股份有限公司
发　　行	吉林出版集团股份有限公司
地　　址	吉林省长春市福祉大路5788号
邮　　编	130000
电　　话	0431-81629968
邮　　箱	11915286@qq.com
书　　号	ISBN 978-7-5731-3596-4
定　　价	72.00元

版权所有　　翻印必究

前　言

篮球作为风靡世界的球类项目，深受各年龄层群众的喜爱，无论在哪个国家都有着深厚的群众基础。作为体育强国建设道路上十分重要的一环，我国对于篮球教育的重视程度不断提高，篮球竞技的水平、比赛的规模、技战术的应用都在各自范围内有着不同程度的提高。

基于此，本书以"现代高校篮球运动教学理论及其训练研究"为题，共设置七章：第一章带领读者将目光聚焦于高校篮球运动，从篮球与篮球文化、篮球运动的特点与功能、现代高校篮球运动的发展趋势三个角度对高校篮球运动进行简单介绍；第二章从现有的教学理论入手，阐明现阶段高校篮球运动教学的内容创新、高校教师常用的一些篮球教学原则与方法、应用对策与发展趋势；第三章以教学模式探索为题，讨论高校篮球运动的探究式教学模式、分层次教学模式，"课内外一体化"的篮球俱乐部教学模式；第四章回归高校篮球教学本身，从篮球项目的规则、裁判工作和竞赛组织模式进行讲解；第五章进行基础训练内容的简单介绍，依次强调生理因素与心理因素对篮球教学训练过程中的影响，并给出了专项力量训练方案作为参考；第六章着重介绍篮球运动技术的教学与实践，并分别对进攻技术与防守技术进行详细说明；第七章在上述内容的基础上，研究篮球战术的教学与训练，进攻战术与防守战术彼此对应，相辅相成。

本书的宗旨是推动高校篮球训练水平的提高，帮助训练者将科学的理论方法充分应用到实践训练中，同时，推广先进的篮球技战术方法，为广大篮球爱好者展现高水平的技战术，推动我国篮球事业不断发展。

笔者在撰写本书的过程中，得到了许多专家的帮助和指导，在此表示诚挚的谢意。由于笔者水平有限，加之时间仓促，书中所涉及的内容难免有疏漏之处，希望各位读者多提宝贵意见，以便笔者进一步修改，使之更加完善。

目 录

第一章 高校篮球运动概述 ·· 1
第一节 篮球与篮球文化 ······································· 1
第二节 篮球运动的特点与功能 ································· 14
第三节 现代高校篮球运动的发展趋势 ··························· 19

第二章 现代高校篮球运动教学的理论发展 ···························· 22
第一节 高校篮球运动教学的基础认知 ··························· 22
第二节 高校篮球运动教学的内容创新 ··························· 26
第三节 高校篮球运动教学的原则与方法 ························· 32
第四节 高校篮球运动教学的发展与创新 ························· 45

第三章 现代高校篮球运动的教学模式探索 ···························· 58
第一节 高校篮球运动的探究式教学模式 ························· 58
第二节 高校篮球运动的分层次教学模式 ························· 68
第三节 "课内外一体化"的篮球俱乐部教学模式 ················· 83

第四章 现代高校篮球运动规则及组织 ································ 89
第一节 高校篮球运动规则与裁判 ······························· 89
第二节 高校篮球运动竞赛活动的组织工作 ······················· 99

第五章 现代高校篮球运动的身心训练基础 ···························· 104
第一节 高校篮球运动训练负荷与训练理念 ······················· 104
第二节 高校篮球运动的专项力量训练及方案定制 ················· 131

第三节　高校篮球运动心理训练的具体内容……………… 144

第六章　现代高校篮球运动技术教学与训练……………… 151
　　第一节　高校篮球运动技术教学理论与实践……………… 151
　　第二节　高校篮球运动进攻技术的教学与训练…………… 156
　　第三节　高校篮球运动防守技术的教学与训练…………… 168

第七章　现代高校篮球运动战术教学与训练……………… 171
　　第一节　高校篮球运动战术教学设计与应用……………… 171
　　第二节　高校篮球运动进攻战术的教学与训练…………… 174
　　第三节　高校篮球运动防守战术的教学与训练…………… 178

参考文献………………………………………………………… 182

第一章 高校篮球运动概述

第一节 篮球与篮球文化

一、篮球运动的重要作用

"篮球运动具有极高的竞技、健身、娱乐和欣赏价值。对于学生来说,参加篮球活动,能在奔跑、跳跃的过程中,发展力量、速度、耐力和灵敏等素质;能在复杂多变的赛场上,提高分析能力和应变能力;能在激烈对抗的环境里,磨炼意志,发展个性;能在相互配合的过程中,培养团队精神和集体主义品质;能在观赏比赛的过程中,培养审美情趣,丰富课余文化生活。这对于形成良好的身心素质、提高健康水平都有重要的作用。"[①]

(一)健身作用

1. 篮球运动对身体形态和机能的改善作用

(1)篮球运动对身体状态有着重要的作用。首先,体现在对骨骼的作用上。人们通过适当的篮球运动锻炼,使骨骼承受一定负荷的刺激,能够促进血液循环、改善骨骼的营养供给、加快骺软骨的增生和骨化增长,从而促进骨骼的生长发育。经常参加篮球运动,采用较低和中等强度的运动负荷,对于发育中的骨骼,可明显促进其骨密质的形成。篮球运动对骨松质的作用也是篮球运动对骨骼作用的体现,篮球锻炼使骨小梁新骨形成增加,骨小梁排列更有序化。

其次,篮球运动对身体状态的作用还体现在肌肉上。骨骼肌是实现人体运动的器官。科学的体育锻炼可使骨骼肌的形态、结构及功能发生一系列适

---

① 尚志强. 篮球文化. 技术与传播[M]. 北京:中国传媒大学出版社,2015:1.

应性变化，具体表现包括：篮球运动能够使肌肉体积增加；篮球运动可以促使肌腱和韧带中的细胞增生，也可使肌外膜、肌束膜和肌内膜增厚，肌肉变得结实，抗牵拉强度提高，从而增强肌肉抗断能力；作为一项集力量、爆发力、耐力、速度、灵敏性和柔韧性于一体的运动项目，篮球运动可使肌纤维得到最大限度的发展，而且快肌纤维增粗明显。篮球运动还可以增强肌肉收缩能力，通过改善和提高肌群的协调性，使肌肉收缩的效率得到充分发挥。

（2）篮球运动对心血管系统机能有着重要的作用。篮球运动是相对时间较长、强度较大的运动项目，适当参与能够增强人们的心肌收缩力；在进行篮球运动时，肌肉活动需要消耗大量的氧气和营养物质，同时也会产生二氧化碳等代谢产物；篮球运动还有利于静脉血液回流，血液循环加快使心肌增厚，心脏扩大，心脏舒张末期的容积增加，这些都是篮球运动对锻炼者心脏泵血功能的作用。适当地参加篮球运动，可以使血氧饱和度增高，肌红蛋白增加，机体内含氧量增强。这些都体现了篮球运动对锻炼者血液循环系统功能的作用。此外，篮球运动还对微循环系统有着重要作用，在进行篮球运动时，肌肉中的代谢产物会增多，促使真毛细血管开放增多，有利于肌肉获得更多的氧，以适应代谢的需要。

（3）篮球运动对呼吸系统机能有着重要的提高作用。适当参加篮球运动，能使呼吸肌得到发展、呼吸深度加深、肺和胸廓弹性增强、安静时呼吸次数降低、肺活量增大。经常参加篮球运动的人们，肺活量会明显增加，有氧运动能力显著提高，这说明篮球运动对改善机体的生理机能有积极影响。篮球运动可使安静时的呼吸深度增加、呼吸频率下降，这使得肺泡通气量和气体交换率加大，即肺通气更有效。人体通过呼吸系统摄取氧气，再通过心血管系统把氧气输送到组织器官。适当参加篮球运动还可以使肌肉中的毛细血管增加，线粒体数目增多和体积增大，促进静脉血液回流和有氧氧化酶的活性增加，并可提高肌红蛋白含量和最大吸氧量。

2. 篮球运动对身体健康素质的意义

（1）篮球运动对有氧代谢能力有着重要的作用。篮球运动之所以能提高有氧代谢能力，是因为现代篮球比赛中的运动负荷特点为高密度、大强度。由于比赛中经常出现犯规、暂停、换人、球出界等情况中断比赛，运动员可以利用这些时间获得短暂的休整，在比赛中大部分时间都是以有氧代谢供能为主。作为普通人参加篮球运动或篮球比赛，运动强度要远小于专业篮球运动员，其有氧代谢提供的能量比例更大。因此，适当参加篮球运动可以有效提高肺泡通气量，提高呼吸效率，改善心血管机能，促进组织器官中氧化酶活性升高，增强利用氧的能力。

（2）篮球运动对肌肉力量有着重要的作用。篮球运动可以使肌纤维增粗，募集更多的运动单位，从而能够增加肌肉力量。参加篮球运动，可以使肌肉持续工作时间延长，从而增强肌肉耐力。

3. 篮球运动对身体运动素质的作用

（1）篮球运动对速度和爆发力素质有着重要的作用。篮球运动对速度素质的作用主要体现在提高反应速度和加快位移速度上。在篮球运动中，防守队员在看到进攻队员传球或投篮时需要非常迅速、准确地做出判断，同时做出相应的技术动作，这就是良好的反应速度。经常参加篮球运动可以提高感受器的敏感程度，感受器越敏感，越能缩短对各种信号刺激的感受，优化传导途径，提高中枢神经系统的兴奋性，使反应时间缩短。篮球运动员的攻防转换、运球上篮的速度、长传快攻上篮的跑动速度等，可使神经兴奋与抑制过程灵活性提高、转换能力增强、人体两脚交换频率增快，位移速度也就随之加快。

篮球运动对爆发力素质的作用主要体现在提高起动速度弹跳能力上。篮球运动员通过各种快速、灵活、突变的脚部动作，在全身协调配合下，使身体的位置、方向和速度发生变化，并运用基本技术，可更好地达到在进攻时摆脱防守，在防守时防住对手，以争取攻、守主动的目的。因此，经常参加篮球锻炼可以提高起动速度。

（2）篮球运动对力量素质和弹跳素质有着重要的作用。现代篮球运动争夺高空优势尤为重要，因而运动员在瞬间的变化中通过合理的技术争夺篮板球、抢断、封盖等，都需要具备良好的弹跳力。实践证明，经常参与篮球运动能提高弹跳能力。篮球运动员在比赛和训练中经常进行跑、跳、投、争抢篮板球和防守等动作，为了使自己跑得快、跳得高，运动员需要充分利用大肌群力量，通过腿、臂、肩、背、腰以及整个躯干的各肌群有机地协调配合，才会产生最佳的做功效果。因此，经常参加篮球运动可以提高力量素质。在篮球比赛中，运动员为了更好地完成各项任务，弹跳力成为不可缺少的一种素质。运动员为了适应比赛的需要，必须具备连续跳的能力，不断提高弹跳力素质。经过不断地弹跳，运动员的弹跳力素质得到提高。

（3）篮球运动对耐力素质有着重要的作用。经常参加篮球运动可以提高速度耐力素质，发展一般耐力素质。篮球比赛是一项长时间的，高、中、低强度重复交替进行的非周期性运动项目，运动员需要有长时间反复进行短距离、高强度运动的能力。经常参加篮球运动，还能使机体有氧氧化能力提高，血乳酸清除能力加快，同时大脑对血乳酸的耐受力得到提高。可见，经常参加篮球运动，有利于发展一般耐力素质。

（4）篮球运动对身体的柔韧性有着重要的作用。柔韧素质是指人体关节活动幅度的大小，以及跨过关节的韧带、肌腱、肌肉、皮肤及其他组织的弹性和伸展能力。篮球运动可以改善运动员的身体柔韧性。篮球运动中的跑、跳、投、传每一个动作，都需要全身的参与。运动员在场上的位置不同，对全身各关节柔韧性要求也不同。全身各关节的柔韧性在每一个动作中都有各自的作用，哪一个部位的不协调都会影响技术动作的发挥。所以，经常参加篮球运动可以改善身体的柔韧性。

（二）健心作用

1. 篮球运动有助于情商的培养

情商是一种非智力因素，通常表现为协作配合的能力、处理人际关系的能力、组织管理的能力、解决问题的能力以及承受挫折的能力等。情商作为一种非智力因素，在人们的日常学习、工作和生活中都很重要。篮球运动有明显的对抗性、集体性和统一性规律，参加篮球运动可以培养锻炼者充沛的体力和精力、良好的心理承受能力、公平的竞争意识、广泛的社会交往能力，以较高的情商去应对学习和生活中的困难。参加篮球运动，可以培养团结拼搏、乐于奉献、积极向上的优良品质；在篮球规则的约束下，有利于形成文明的行为方式和良好的体育道德风尚；在篮球竞赛过程中，有利于培养克服困难、善于创新的精神，有利于培养科学、文明、健康的生活态度。

2. 篮球运动有助于提高健康幸福感

健康幸福感也称心理自我良好感，是指与积极参加身体锻炼有关的某种兴奋、自信、自尊的情绪和态度体验。积极参加体育锻炼者比不运动者的自我感受和评价更积极，这主要是由于通过锻炼身体从而产生内心愉悦和乐趣的结果。锻炼身体对健康幸福感产生积极影响的原因有生理、心理和社会三方面，也可能是三者综合作用的结果。在篮球运动中，当一个技术或战术运用成功，或者比赛取得胜利后，个体会以自我欣赏的方式传递其成就信息于大脑，体验成就效应，从而产生自我成就的认识和情感体验，产生愉快、振奋和幸福感。

3. 篮球运动有助于减轻焦虑和抑郁症状

焦虑是一种对当前或预计的威胁所反映出的恐惧和不安的情绪状态。与紧张、焦虑等消极情绪相比，抑郁属更深层的复合性负情绪，它可能是伴随人生价值的失落感而产生的悲伤、恐惧、焦虑及羞愧甚至负罪感。其持续时间更长，给人带来的痛苦更大。在篮球运动过程中，人们通过自然的相互交流，会逐渐产生对彼此的信任，也会相互鼓励。通过参加篮球运动，不仅可以调节情绪、振奋精神，而且这种积极的情绪状态可以使人自信、自豪、自强，并使烦恼、焦虑、抑郁、自卑等不良情绪得以解除。

4. 篮球运动有助于塑造健全的人格精神

人格精神是指气质、能力、性格、理想、信念、兴趣、人生观等各方面能够得到协调与平衡发展。人格作为人的整体精神面貌能够完整、协调、和谐地表现出来。篮球运动从宏观上看是群体的竞争，从微观上看又是群体中个体之间的身体冲突和技巧智能的直接对抗。篮球运动中的每一个环节，都要求个体在充分发挥自身特点和水平的同时，凝聚各个个体的力量组成一个更加和谐、强大的群体，或者说群体的默契配合依赖于个体的技巧和智能的充分发挥。篮球运动复杂多变，每一个瞬间都要求个体必须做出正确的观察判断，独立果断地选择个人战术行动来配合整体战术。

篮球比赛中，运动员运用技战术的时机很重要。个体失误的累加往往会影响局势的发展。篮球运动的这种特点表明，艰难中需要勇气，常态下需要创新，只有敢于冒险和创新，才有可能在极端复杂困难的条件下坚持与强有力的对手进行顽强的对抗，并取得比赛的最终胜利。篮球比赛的竞争可以最直接、最富有力度地表现人的本质力量。因此，通过篮球比赛，不仅能够锻炼人们坚韧不拔、勇敢顽强、吃苦耐劳的意志品质，而且对人的自觉性、目的性、果断性、自制力、坚持力、创造性等均有极大的影响。运动中需要观察对手，分析判断，扬长避短，创造优势，把握时机，敢于胜利，这也是现代人人格精神的内涵，是激烈的社会竞争中必须具备的基本素质。

5. 篮球运动有助于创造良好的情绪体验

篮球运动中自始至终贯穿着比赛双方在身体素质、技战术水平、心理智能等多方面的对抗和竞争，在规则允许的范围内攻击对手，战胜对手，获取胜利。篮球运动富有趣味和激情，在运动过程中，通过锻炼者娴熟地运球、巧妙地传球、准确地投篮、果断地抢断、高超地扣篮与封盖，再加上攻守交错、对抗变换，给人以美的感受，无论是参与者还是观看者都会经历"尖峰时刻"，得到良好的情绪体验。

6. 篮球运动具有文化娱乐的意义

在日常的工作学习中，人们面临着各种各样的压力，这些压力会对人们的心理健康造成一定的危害。篮球运动可以作为人们休闲的一种手段，通过篮球运动，人们的压力得到释放，从而恢复状态，重新投入到工作学习中去。即使不参与运动，人们通过观看篮球比赛也可以得到精神上的享受。紧张激烈、扣人心弦的篮球比赛，篮球运动员展现出高超的技术表演以及球队队员间精妙的战术配合，使得篮球运动成为一项十分有魅力、有感染力的运动。通过观赏比赛，人们得到了美的享受，得到了满足。篮球运动使人们得以放松，并丰富了人们的文化娱乐生活。

（三）社会作用

1. 篮球运动对社会成员的教育作用

（1）篮球运动对价值观的塑造有着一定的影响，具有强烈的教育性。篮球是一项集体运动项目，对培养学生的组织性、纪律性、集体主义精神和机智灵活的应变能力具有显著的作用。由于绝大多数青少年都具有较强的上进心、好奇心等心理特征，所以篮球活动作为符合以上几点特征的体育运动之一受到广大青少年的欢迎。学校经常组织一些篮球竞赛活动，有助于培养学生的竞争意识和开拓精神。参加篮球运动能激励广大青少年力争上游、奋勇拼搏的竞争精神，也有助于培养他们的责任感、义务感和集体荣誉感。篮球竞赛能给广大学生带来精神上的满足和情感上的愉快，激发他们锻炼身体的意愿。篮球运动的教育价值体现在篮球运动能够增强集体意识，强调人与人之间的相互配合、相互信任、相互协作；篮球运动能够培养锻炼者良好的行为规范和良好的组织能力；篮球运动能提高锻炼者的智能和体能；篮球运动有助于自我改进和自我发展，激励锻炼者不断战胜自我、接受新的挑战；篮球运动可以促进锻炼者人格的培养和个性的完善，使其形成良好的人生价值观。

（2）篮球运动对竞争能力和合作意识的培养。在篮球运动中充满着竞争与合作，只有在运动中学会竞争与合作、发扬团队协作精神，才可能在比赛中取得最后的胜利。篮球运动是集体项目，比赛中贯穿着集体的协同配合。篮球运动中的传切、掩护、突分和策应配合，综合多变的防守战术体系，都要靠全队的密切合作、协同配合才能完成。通过篮球运动，参与者会意识到必须抛弃狭隘的内耗意识，把眼光投向更大的环境，真正懂得合作与竞争是团队获得健康发展的必要条件。

（3）篮球运动对创新意识和创新能力的培养起着十分重要的作用。篮球技战术不断变化的过程就是不断创新的过程——篮球运动员在比赛中的技战术运用，必须随着比赛的变化而变化，要果断、快速地做出应答，通过观察分析判断，做出行之有效的组合动作。从运动结构看，篮球技术中有些动作是相对固定的，但在实际运用中，整个技术动作又表现出很多不固定的动作成分。在相同的条件下，队员做出的动作组合往往是不同的，这就需要篮球运动员有随机应变的能力，从而在比赛中创造出新的、巧妙的动作及配合。因此，篮球运动有利于培养锻炼者良好的思维能力、应变能力和创新精神。同时，篮球运动既是一个高度协同的全面抗衡，又是个人斗智的竞技较量，队员们可以在球场上依据自身的特点尽显个人的技术和才智。从这个意义上说，篮球运动有助于培养学生的竞争意识和开拓精神。这些优秀品质不仅表现在球场上，而且也会迁移到日常的工作和生活中，有助于培养学生敢于尝试、不断创新的精神。

2. 篮球运动对社会规范的作用

篮球运动有其固定规则，参与者必须在规则范围内进行运动。规则对篮球运动是十分必要的，篮球运动作为一项肢体对抗激烈的运动，如果没有规则的制约，那么在运动过程中必然会出现一些粗野的动作和不礼貌的行为，甚至会对双方的身体造成伤害。规则是对参与者行为的约束，保证了双方在公平合理的条件下进行对抗，限制了不合理行为的出现。规则对参与者有着个人行为规范化的教育功能，可以使参与者获得对现代社会生活方式的规范与演练，使人们健康文明的社会行为习惯得到培养。

在篮球运动中，个体行为要符合规则，要自觉养成遵守规则的行为习惯。在比赛激烈对抗的情况下，发生身体碰撞是在所难免的，但参与者的动作要合理，其目的应是力争获得球或有利的位置，绝不能故意害人、伤人。在篮球比赛中，许多因情绪过激而发生的暴力行为都会受到严厉的惩罚，同时还会受到社会规范、社会公德的谴责，严重的还要受到法律的制裁。这种惩罚措施对篮球运动参与者有着一定的震慑作用，可以使参与者们按照篮球运动的规则进行运动，从而有利于社会规范的形成。

3. 篮球运动对经济的作用

篮球运动是诸多体育项目的重要组成部分，体育产业的发展与篮球运动的发展相辅相成。体育产业日益兴起，而作为其重要内容的篮球运动，由于普及广、发展快、影响力大，也具有极大的发展潜力。尤其是近年来，篮球运动的职业化、商业化进程加快，篮球运动对体育产业的贡献与日俱增，随着篮球运动的进一步发展，篮球运动的巨大经济价值将得到进一步体现。

4. 篮球运动对社会交往的作用

篮球运动是一项团体运动，自然涉及人与人的交往，进行篮球比赛时，还会涉及球队与球队之间的交往，甚至是国家与国家之间的交往。人与人、团体与团体、国家与国家，通过篮球运动，建立起了理解、信任、团结和友爱的关系。通过亲身体验或者观看篮球比赛，人们对篮球运动的理解是一致的，人们在共同的参与中得到欢乐、愉悦和满足，相识并了解，从而产生共同语言，建立起良好的关系。

5. 篮球运动对终身体育的作用

篮球运动对终身体育有着重要的作用，通过篮球，人们可以获得身心的发展。体育运动成为人们缓解压力、保持健康的最有效方式之一。尤其是篮球运动，对场地器材的要求较低，其消费水平较适合广大消费人群，很容易普及。于是人们纷纷参与到篮球运动中来，体验运动的乐趣。在篮球运动中的奔跑跳跃、抛掷运投、攻防抢打，人们的身体在活动的过程中得到了锻炼，释放了压力，身心愉悦。要想取得理想的运动效果，必须持之以恒。终身体育的理念就是主张体育锻炼要持之以恒。目前，终身体育的理念已经深入人心。

篮球作为全民健身的项目之一，深受广大群众的喜爱，它不仅内容丰富、锻炼价值高，而且对增强体质、提高人体的各项机能都有积极作用。它既是一种保健性项目，又是人们进行积极休息的一种良好手段，同时对提高人的身体素质和人体机能产生特殊的影响。

二、篮球文化的特征与价值

篮球文化是篮球运动精神与物质结合的产物，以篮球活动为中心，是具有独特意义和价值的物质形态和精神形态成果，还有让活动顺利开展而形成的各种制度、关系、符号系统以及行为方式的共同集合。

首先，篮球文化对篮球运动的实践性和活动性进行了证明。篮球运动的本质就是一种身体运动，其是为了提升人们的身体技能，而篮球文化也是基于人的身体运动产生的。目前，篮球文化获得了非常好的发展，功能性也愈加多样化，既有球赛组织等物质层面的生产，又有运动员职业素质等精神层面的生产。然而，不管是何种形式的生产，都必须以篮球运动为媒介。

其次，篮球文化对篮球运动的独立性和完整性进行了证明。篮球运动是基于一定的政治条件、经济条件和文化条件而产生的，自其产生以后，这种文化就具有了独立性和完整性，并被人们欣赏、学习、广泛传播。

最后，篮球文化对篮球运动的丰富化也进行了证明。篮球文化在内容上呈现出的多样化和复杂化特征，主要体现在四个方面：一是如篮球训练、教学和比赛等身体实践运动过程，二是如篮球设备、比赛场地、比赛服装和篮球器械等物质方面存在的成果，三是对篮球精神、竞争意识和运动价值等精神层面精髓的体现，四是一些有关篮球运动的规则、组织机构等内容。

（一）篮球文化的基本特征

1. 活动性

篮球作为一种体育活动，具备很强的活动性。篮球文化是基于篮球运动的发展而形成并发展的。篮球文化中包含了很多攻守对抗要求、技术动作要领等内容，因此，当代的篮球运动已经不再是单一的体育运动，它慢慢转变为一种社会性比较显著的综合活动。然而，追根究底，篮球运动在本质上还是一种身体的活动，这点是无论如何都不可能改变的。篮球文化的发展也是以这一本质为前提，吸纳了各种带有社会学意义的因素，从而影响人们的意识观念，并在篮球文化中融合了健美、健体、精神追求等元素，使得篮球文化更加充实和丰富。所以，身体文化是篮球文化的一个重要组成部分，是对身体活动进行潜意识的优化，并以强身健体为目标的一种文化。因此，身体活动也是篮球文化的一个重要特征。

此外，活力较强、极为显著的生命形态是篮球文化的另一个重要特征。篮球文化是在不断变化的，而这一变化的过程正是适应周围环境并与之进行交流的过程。通过与周边环境的其他因素进行融合、吸收、选择等交互过程，从而形成自身独具特色的文化体系，并结合篮球运动的开展而成为具有系统性的篮球文化，其中蕴含着深刻、丰富的篮球文化意义。

2. 教育性

因为篮球运动蕴含了非常深刻的教育意义，所以篮球文化也体现了非常鲜明的教育功能，这必然会使得篮球文化成为需要进行学习的对象。篮球文化主要有三个层面的教育方面，即篮球知识、技能习得、学科性状态，这些是从篮球文化实现教育功能的方式上来说的。

篮球文化的主要目的分为两个层面：一是追求个人的身体强壮和健康，二是体现人文教育的重要性。篮球运动和其他运动相比，在技术、体能和心理状况上都有其独特的要求，为了适应这些独特的要求所历经的训练和培养过程就形成了篮球文化，形成后的篮球文化又能指导篮球运动的教学、训练，对参与者产生非常积极的作用。因此，篮球文化也可以称为一种文化符号。篮球文化是建立在专业的技术要求、多样化的战术方式、公正的竞赛要求等这些规范的基础之上的，加以融合一些其他重要元素的特征，共同形成了篮球文化的精华。而且，这些文化在传扬、发展的过程中，被不断地总结、归纳，最终形成了结构严密、内容丰富的篮球文化，并成为国内体育教学不可或缺的一个重要组成部分。

篮球文化体现了一种精神内涵，这也是篮球文化的一个显著特征。篮球运动是一项集体运动，想要掌握好这门运动，就需要结合个人的身体素质和心理状态、个人行动和集体意识、个人的智慧和能力等多个方面的条件，并需要具备一定的协作能力、团队合作精神和集体意识。篮球运动不但需要参与者个人的能力和技术，更需要集体的配合和成员间的默契度，既要能够成就个人的荣誉，又要履行个人的职责；在体现个人价值的同时，还要满足集体的利益需求；要求竞争的公正与公平性，也要求团队成员具备协作意识和宽容情怀；不断提升成员物质生活水平的同时，还需要满足成员的精神追求和人格追求要求。以上种种的文化诉求，都是篮球文化中价值观念指向、审美情趣要求和道德品质追求的重要内涵，篮球文化还要求运动员遵守一定的法律法和行业制度，并在潜移默化中培养运动员的自我约束能力。

篮球运动虽然是一项集体运动，但也有一定的独立性，能很好地对成员进行智力、品德上的教育，并对成员的技能增长和身心健康发展具有重要意义。篮球队员在参与篮球活动时，能获得不断提升和学习的机会，并在这个过程中，使自己的意志得到坚定、体能得到提高、团队意识更加强烈，从而实现自身价值的升华，让自身获得全面发展，提高自身的整体素质。

3. 地域性

篮球运动的变化与发展过程，其实就是以时间顺序为纵向、以共时性发展为横向的演变过程。横向发展主要体现在受文化等不同因素的影响，形成了不同的篮球运动规则、特征和内涵，从而发展出不同风格和流派的篮球运动，具有非常鲜明的地域性。如，美国的篮球运动就表现出对抗性大、个人技能的体现非常明显等特色；欧洲的篮球运动就特别重视团队合作精神，重视集体力量的最大化等。总之，在历史的发展过程中，篮球文化吸收了很多精髓文化，从而呈现出多姿多彩、多元化发展的特色。

4. 竞争性

篮球文化具有一定的竞争性，这主要表现在三个方面：首先，篮球运动员需要具备一定的攻守能力；其次，篮球运动员要熟知篮球的竞赛规则；最后，篮球运动员要有挑战自我的意识。这些其实都是竞争意识的体现。

篮球比赛中最重要的精神就是强烈的竞争意识，这是篮球文化无法被取代的重要精髓。篮球运动的竞争形式有别于其他的体育运动，它要求参与运动的成员在规定的时间和空间内，进行攻击和防守两种方式的对抗。所以，从这个层面来说，也可以将篮球竞赛看成是运动员在时间和空间上的一种对抗行为，因此篮球文化的竞争性也体现出了一定的时空性。

人们对篮球领域中一些还不了解的事情或者知之甚少的事物以及规则进行探索的过程，统称为篮球科学研究。这是一种人们在主观意识形态上的探索，有利于发现篮球运动的新特征和新问题，并有利于发现篮球运动的规律。人们这种探索和追求的精神也有利于提高自身的篮球技能和认知，并展开与其他研究人员的竞争和合作。

5. 开放性

开放性主要体现在篮球文化在对外的选择上，具有较好的互动性。文化渗透、文化融合和文化冲突以及文化传播等，大多数都受到开放性的影响，如果想要文化获得较好的动力和依托，就需要该种文化具有较好的开放性。越是开放程度高的文化，与外界文化进行相互渗透、相互借鉴和相互融合的可能性就越高，获得发展的机会也会越多，当然对其自身的影响也会随之增大。篮球文化具有全球性的特征，其开放性是较强的，主体的选择也具有较大的自由，可以从自身需求和爱好出发选择篮球文化。此外，篮球文化的开放性还体现在篮球比赛的开放性和变动性上，攻守双方在对抗时会下意识地将对手的优势和长处吸纳,并避免出现跟对方一样的错误,从而使自身的发展更加顺利。全球化的推进有效地促进了篮球文化的开放性,这已然成为篮球文化得以发展和普及的重要推动力量。

6. 交融性

篮球文化具有一定的地域性,但同时也具备较好的交融性,这是因为随着经济、人才和文化的交流不断地深入和融合,使得发源于不同地区的各种篮球文化有了交融和渗透的机会,在多元化的发展基础上形成了一定的共性特征。各个地区的篮球运动,不仅通过吸纳其他地区优秀的篮球文化元素,不断突破自身的发展,而且加之篮球队员、教练员以及其他相关工作人员具有一定的流动性,这也加速了篮球文化的交融和渗透,而电视传媒和互联网媒体也为篮球文化的相互交融提供了较大的推动力量。这种区域化的篮球文化交流,既包括了美洲、欧洲和亚洲等大范围内的交流,也包括了国家之间、地区之间的交流。

20世纪50年代,国内的篮球竞赛形成了以快为主的进攻观念,同时也形成了快、狠、准的竞赛风格,并获得了非常好的成效。此外,由于篮球队员的流动,也有许多外援球员将欧美球队的风格带入了国内。

7. 共享性

篮球运动是一项全球化的竞赛运动,比如奥运会、NBA篮球赛和世界篮球锦标赛等各大赛事都是在全球范围内开展的。尤其是NBA赛事,早已突破了地域的局限,成为一项国际化的赛事,并充分发挥出了其独特的文化内涵,拥有了全球各地的观众和球迷。

各种参与篮球运动的人,对篮球文化都有不同的理解和感受,不受语言、工种、技术和体能的限制。而且篮球运动的参与者范围很广,有专业与非专业性之分,有国际与地区之分,有些是有组织的参与,有些是自发的参与。此外,篮球运动的参与者也各自有着不同的目标,有的是为了竞赛,有的是为了强身健体,有的是为了娱乐休闲等。当然这都不会影响人们参与到篮球运动中来,因为他们对篮球运动的规则、技术等有着一致的认可,对篮球运动的精神都给予了高度评价。

（二）篮球文化的价值体现

1. 促进人的健康发展

篮球文化是以身体活动的特殊形式所表现的一种社会文化现象。根据现代健康理论，人类健康包含生理健康、心理健康以及社会适应三方面，篮球运动在这三方面都有不俗的表现。

参加篮球运动可以促进生理健康，增强体质，改善人体各个功能器官。篮球运动者要有较强的身体素质，动作灵活，身强体壮，因为参与篮球运动本身带有锻炼身体的效果。所以，篮球爱好者的体质、运动能力等会在潜移默化中得到提升。经常参与篮球运动，对于控制体重和改变形体很有帮助。

篮球运动还能对人的心理健康有积极的促进作用：改善情绪、降低焦虑，明确自我定位，提高信心，增强意志品质，减轻心理压力，提高团队合作精神，通过篮球运动可以调整自己的情绪和状态，使情绪达到一个平衡、稳定的状态。

社会适应是指人的生理和心理活动能够很好地适应社会环境的变化。参与篮球运动可以增加人与人之间交流与接触，使参与者适应周围各种人和事，尽快被他人认可、理解、接受。现在，越来越多的人开始接受篮球运动，把篮球作为锻炼身体、娱乐减压、丰富日常生活的方式，人们通过参与篮球运动相互了解、适应不同社会与环境。

2. 促进人的全面发展

发展篮球运动的根本目的是促进人的全面发展和社会的和谐进步，这也是篮球文化的一大功能，体现了篮球文化的价值基础。

以人为本是篮球运动人文教育思路。篮球运动在主张提高运动技能水平的同时，还能够展示运动者个性与优点；满足个人荣誉追求，重视个人与集体平衡关系；互相配合、鼓励，公平竞争；既能提高身体技能，又有助于思想品质和个人人格培养。

篮球运动强调遵循公平、公正原则，要求运动双方多方面地展开竞争和对抗，体现在战术水平、心理、智能和身体素质方面。同时，要求各个群体内部务必互相合作、紧密团结，因为竞争和对抗是建立在团结合作基础之上。

参加篮球文化活动可以引导和规范个人行为。篮球比赛有固定的比赛规则和相关的规则制度，参与者必须要遵守规章制度、道德规范、比赛规则和社会规范要求，长期参与篮球活动，会慢慢培养出顽强拼搏的精神、敬业精神和责任感。

所以，参加篮球运动的过程是一种人的社会化形式，是一种实现德、智、体、美的教育方式，可以促进人的全面发展。

3. 满足人的业余娱乐

最初的篮球运动被当作一种游戏，并且由此开始发展。通过体育技术提升，增加篮球文化娱乐、休闲成分，并以其独有的作用方式和表现形式引起众多篮球爱好者关注及参与篮球活动竞赛，从而体验到篮球运动所带来的快乐。对于大部分爱好者来说，参加篮球活动，不仅是为了提高技术能力，更多的是用于舒缓工作压力、释放负面情绪、培养更多兴趣、欢畅身心感受和获取运动喜悦。

此外，观看高水平的篮球竞赛时，不只是能够欣赏激烈的赛事，其间穿插的文化娱乐表演、音乐杂耍演出，加上热烈的现场氛围，使耳朵、眼睛、心灵均感受到艺术熏陶。

第二节 篮球运动的特点与功能

一、篮球运动的主要特点

篮球运动是在长 28 米、宽 15 米的长方形场地上，按一定的规则用双手或单手将球投向离地面 3.05 米高的球篮，并在规定的时间内以投进对方球篮球数的多少决定胜负的一项球类游戏。篮球运动是一项集体性很强的运动项目，只有运动员们团结一致、齐心协力、互相合作才能战胜对方。为了取得比赛的胜利，在规则允许的条件下进攻队员可以使用各种各样进攻技术和进攻战术，而防守队员为了破坏对方的进攻，也会采用相应的防守技战术。双方运动员既是同场竞技，也是攻守交错，他们展开的是一场以球为中心的激烈争夺。运用人体基本活动能力中的跑、跳、投等基本动作的同时，再加以各种各样的变化，构成篮球运动的技术。篮球战术是由进攻战术和防守战术两大类战术体系构成，进攻和防守战术的选择则要根据临场攻守形势的变化而不断变化。因此，篮球技战术的运用具有复杂性和多变性，这就要求运动员不仅要有多样、协调的技术动作，而且还必须具备随机应变的能力。

随着时代的进步和社会的发展，现代篮球运动已发展成为一项科学的、技艺化的、国际大众性的竞技体育项目。其本身的活动过程,除了发挥强身健体的功能以外,还在于展现人们为追求更高、更快、更强的奥林匹克精神,更重要的是彰显着人类生命的活力。篮球运动已经演变成为一种特殊的社会文化现象,一道反映时代特征的社会人文景观。

(一)篮球运动具有对抗性

对抗性是篮球运动的一个重要特点,因为篮球运动是一项攻守双方直接对抗的竞技项目。在进行篮球比赛时,双方十名队员争夺一个球的控制权并投篮得分,这种情况下,双方队员发生对抗是必然的,比赛中的双方队员始终是在制约与反制约之间进行直接对抗。篮球运动是在狭小的场地范围内快速近身进行的活动,争夺控制权、抢占有利位置、控制空间是其对抗性的主要反映,激烈的地面与空间立体对抗得以形成,这与篮球运动的场地相对来说比较狭窄,篮筐距地面也有着一定的高度密切相关。篮球运动的魅力正是在这种特殊地面和空间进行短兵相接的对抗中产生,这也使得篮球运动在获球与反获球,追击与抢夺,限制与反限制中,不仅需要斗智,还需要充沛的体能和顽强的意志。因此,可以说篮球运动是一种包含智、谋、技、体等全方位的攻守对抗。在技术方面,篮球运动表现出了对抗性,在战术打法上同样如此,如攻守高速转化能力、快节奏全场攻击能力、区域紧逼成功率等。

篮球运动具有对抗性的特点,这对运动员提出了较高的要求。篮球运动中的对抗,不仅需要爆发型的力量素质和反应速度做基础,技术的运用也需要动作力量和动作速率做保证,运动员必须具备在攻守对抗中贴身防守与快速摆脱对手等情况下的抗衡能力。在篮球比赛中,队员之间的替换非常频繁,这是为了保持比赛中的对抗强度及持久的作战力,使运动员在场上有充沛的体力,提高对抗能力,这无疑是对篮球对抗性特点的反映。在对抗性特点下,运用贴身攻防是运动员越来越注重的对抗手段,其凶悍拼抢的顽强作风也日益增强。在队伍的组织、阵容的配备、训练与比赛作风的培养、心理的准备上都应该重视篮球运动的对抗性特点。

(二)篮球运动具有变化性

篮球运动具有变化性的特点,主要体现在篮球运动的攻守转换速度快上面。篮球运动攻后必守,守后必攻,攻守不断转换,转换发生在瞬间,变化无常,使比赛始终在快节奏情况下进行,给人巨大的悬念,体现了篮球比赛的独特魅力。另外,篮球比赛场上情况变化万千,机会稍纵即逝,随时都在发生变化的情况下靠固定的模式、不变的打法是无法应对的，这就使得篮球战术呈现出灵活、机动的特点。这要求运动员必须善于根据主客观情况的发展变化，随机应变，提高临场应变能力，灵活地运用战术和变换战术，表现在适时地掌握进攻时机，正确地选择突破口，合理地组织力量，发挥全队及个人的特点。

（三）篮球运动具有集体性

篮球运动是一项团体运动，具有集体性的特点。在篮球比赛中，双方各有五名队员，在篮球运动中，通过队员的集体协同配合，技战术行动才能够完成。运动员做各种动作，如传球、接球、运球、投篮、移动和防守等，这些都是有目的性的，其作用的发挥都是在战术指导思想要求下，通过两人以上的协同配合而实现。在篮球运动中有队员的个人战术行动和集体战术配合之分，二者之间的关系非常密切，前者是后者的组成部分，后者则是前者合理组织的综合体现，二者是局部与全局、个体与集体的关系。

在篮球场上，运动员做动作的依据就是应从全局出发并与同伴通力合作，努力为本队形成严密防守并创造进攻机会。只有个人技术的发挥融汇在集体协同配合之中，才能够促使战术意图的实现。

此外，集体的密切配合为个人才能的施展提供了所需要的条件。因此，全队行动的协调一致是球队在组建、训练和比赛中需要强调的，同时还要注意调动每个队员的积极性。总之，篮球运动比赛是一个竞赛过程，形式是两队成员相互协同，攻守对抗。要想获得最佳成效，必须集中整体的智慧和技能，发挥团队精神，协同配合。这正是篮球运动集体性特点的体现。

（四）篮球运动具有综合性

篮球运动以手控制球，并围绕着投篮得分展开攻守对抗为主要活动形式，包含跑、跳、投等身体活动，是一项综合性的体育运动。篮球运动的技术动作复杂多样，这些技术在比赛中的运用均是组合形式的，其活动结构形式相当多元化。由于比赛情况的复杂多变，使随机性、多样性与无确定性成为技术组合呈现的特点。篮球运动涵盖的科学内容体系也体现了综合性的特点。篮球运动涉及社会学、军事学、生物学、管理学、体育学、竞技学、教育学等诸多学科，这使它形成了独特的理论体系和技战术实践系统，已成为一门交叉的边缘性学科课程。篮球运动要求队员要有特殊的运动意识、集体的团队精神、良好的身体条件和生理机能、专项技术与战术配合方法体系及实战能力等，这也对教师、教练员的科学化教学、训练和高水平的指挥管理提出了要求。综上，篮球运动是一项综合性较高的体育运动。

（五）篮球运动具有商业性

商业化特点是篮球运动发展的一个新特点，主要体现在组织体制、赛制和训练管理机制方面。运动员自由人地位的确立、运动技能及能力价值观的变更、俱乐部产权的明晰、对独立社会法人代表的重新认识，这一系列的变革使世界篮球运动向更高的竞技水平发展，也使职业化篮球向商业化、产业化方向的发展得到了有力的推动。商业化既是篮球运动的特点，也是篮球运动发展的趋势之一。

（六）篮球运动具有职业性

职业性特点也是篮球运动发展的一个新的特点。随着篮球运动竞技水平的提高以及赛制和规则的完善，现代篮球运动在全球蓬勃发展，一些职业篮球俱乐部纷纷成立。后来随着运动员智能、体能、战术水平的不断提高，篮球运动的职业化进程得到了推动。至20世纪八九十年代，职业篮球俱乐部如雨后春笋般建立起来。目前，全球职业化篮球已发展成为一项新的产业。

二、篮球运动的基本功能

（一）生理健身功能

1. 提高人体的生理机能

首先，由于篮球运动要求球员练习力量的抗衡、突然与连续起跳、敏捷的反应与快速奔跑，因而能够使机体各部分肌肉结实且发展匀称；其次，篮球运动作为一种高强度的对抗性运动，能够促进人体的新陈代谢，提高机体的代谢率，从而使各器官（如血管、心脏等）的功能增强，并从根本上使人的体质以及抵抗力增强；最后，由于篮球比赛中所发生的情况具有不确定性，因此需要球员掌握各种协调的技术动作，同时还需要他们具备随机应变的能力，所以经常参加篮球运动能够加强各感觉器官的功能。另外，篮球运动对促进动作精细化、提高分配与集中能力也很有帮助，同时对空间与定向力的稳定也有良好的效果。

2. 提高参与者的身体素质

因为篮球运动所具有的特点，所以球员必须具备良好的动作速度、耐力、反应速度与柔韧等素质。另外，由于篮球运动是在快速奔跑中进行的，所以球员在跳跃、转身跨步、起动等动作中锻炼了各关节的韧带与肌肉，而这对提高柔韧素质比较有利。

（二）心理保健功能

长期参加篮球运动的人，其个性与心理都会朝着更为健康、积极的方向发展。

1. 锻炼顽强的意志

水平接近、争夺激烈是现代篮球强队比赛的特点。由于双方球员均处于直接对抗的状况下，因此他们除了要具备优良的身体素质与技战术素质之外，更重要的是具备坚强的意志品质。想要获得比赛胜利，球员必须在对抗中克服各种困难，而克服困难的过程就是锻炼其意志品质的过程。有时，顽强的意志品质对比赛的最终胜利具有决定性的作用。不仅是专业球赛，即便是在非篮球运动员的日常锻炼中，同样会经历对意志力的锻炼，从而达到提升。

2. 创造良好的情绪体验

现代篮球运动具有观赏性与趣味性。首先，篮球运动能够调节情绪、振奋精神，使人变得更加自信、自强，而且还对神经衰弱等精神疾病有一定的治疗与改善作用。其次，篮球运动能够使队友之间的感情变得更加紧密，交流变得更加频繁，这对一些不善与人交往的人来讲，不仅能够改善人际关系，还能够使他们了解、认识到自己的价值。最后，篮球运动还能够使球员在比赛胜利之后体会到成就感，并使他们产生振奋、愉悦的幸福感。

3. 塑造健全人格

从微观上讲，篮球运动是群体中个体之间技巧智能与身体冲击的直接对抗；从宏观上讲，篮球运动是群体的竞争。如果想要取得篮球比赛的胜利，就需要球员个性鲜明、敢于冒险、勇于创新，并善于抓住时机进而做出正确的观察判断。由此可知，篮球比赛是实现人个性自由发展的有效途径。另外，篮球运动还能够培养球员相互支持与团结一致的意识。

（三）社会功能

1. 有助于社会规范的稳定

所有参加篮球比赛的人都必须在比赛规则的制约下活动，而贯穿比赛的体育道德精神对人的行为规范具有启蒙教育的作用，它能使人们获得对现代社会生活方式的演练与模拟，并且对人们养成文明、健康的社会行为习惯有所帮助。

人性中存在着攻击性，而篮球运动能够使人的这种本性在一定范围内得到释放。与此同时，还能够在体育规则与道德精神的约束下，使人们能够在公平合理的条件中进行攻防对抗，并且让人们依靠智慧与技巧取胜，而不是通过不礼貌、不道德、粗野的动作来获得胜利。从深层次的意义讲，篮球运动还具有文化约束力，比如，礼仪、道德、伦理、法律以及信仰等方面的约束。

2. 有助于参与者的情商提升

篮球运动的统一性、对抗性与集体性规律显著，因此在比赛过程中，球员必须具备决断力，并能够做出有效的组合动作。在组合动作的实际应用中，比赛情况的不确定性导致整个组合动作中会有很多不确定的成分，因此球员必须具备随机应变的能力，而且比赛还需要他们能够创造出巧妙的动作并相互积极配合。由此可知，篮球运动能够培养球员的良好心理承受能力、广泛的社交能力、充沛的精力与体力等，从而以较高的情商来面对生活、学习中的困难。

3. 增进国际交往和友谊

篮球运动在全世界范围内都比较受欢迎，它已经成为各国之间相互交流的重要工具，并且还成了各国、各团体之间建立友谊、理解、信任与团结的方式。不同语言、肤色、国家的人们可以通过篮球这一世界通用"语言"进行交流，从而使人们的交往变得更加密切。

第三节 现代高校篮球运动的发展趋势

"纵观当代世界篮坛，篮球运动仍然往'高度''快速''精准''全面'这四个方面发展。运动员各项素质的全面提高让人仿佛感觉到比赛场地越来越小，比赛节奏越来越快，投篮命中率越来越高，竞赛比分越来越高。"[①] 在体育事业发展过程中，受各方面因素的影响，高校篮球教学面临着改革新局面，

---

① 乐玉忠，张伟. 校园篮球文化建设与教学创新探索[M]. 北京：中国商业出版社，2018：9.

因此篮球教学必须有所突破和提升，才能满足时代发展的要求。

一、让篮球成为终身体育

目前，高校体育教育的基本发展目标是引导学生积极投身到体育锻炼中去，并养成运动的好习惯，从而使体育活动成为一项终身体育运动。这在一定程度上反映了高校体育教育的未来发展趋势，而且篮球运动深受学生喜爱，篮球运动爱好者不仅会在体育课堂中积极参与，在平时的生活中也会经常参加篮球活动。在这种情况下，学生在结束篮球课程以后，也会继续参加篮球运动，这就为终身体育奠定了良好的基础。通过篮球教学，学生可以学习到更专业的篮球知识，还能获得许多篮球比赛技巧，从而使自身的知识得到进一步提升，同时还使自身的篮球知识更加巩固。

（一）内容形式的多样化

现代篮球运动的全场、半场的对抗，二人制、三人制、四人制比赛的流行使篮球运动比赛的形式趋于多样化。比如街头篮球，这种比赛的对抗甚至可以不用攻守的形式进行练习和比赛。大学篮球形式、内容、方法上的多元性为其自身的发展提供了广阔的空间。

（二）参与因素的社会化

随着篮球运动的普及，不少社会企业、商业等参与到大学生篮球赛中来，对大学生篮球运动的发展形式、组织、趋势等产生着重要的影响，并促使大学生篮球运动不断向社会化方向发展。

（三）对运动员才智要求提高

随着教育的普及以及篮球运动技术、战术、规则、竞赛方法不断创新发展，比赛形式形成智与技、技与能的较量。未来的篮球运动会对大学生运动才能的综合结构，如专项意识、竞技能力、体能、体质水平、意志作风等提出更多新的要求。

（四）俱乐部的发展日趋完善

我国"大超"联赛和"TBBA"的发展使许多大学都先后成立了本校的篮球俱乐部，再加上大学体育改革的不断深入，大学篮球俱乐部在法规、体制与手段上的发展都更为健全，市场开发也有着广阔的空间。

二、大众健身与竞技体育结合趋势

近年来，高校篮球大学生联赛（如 CUBA 等）、学校之间的交流赛等开展得十分频繁。在这些大赛的带动下，一般在各高校都会设置单项的专业校队、系队等，使得篮球竞技运动积极开展，参与学习的学生增加，有广泛的参与人群，同时也带动教学活动的有效进行。因此，普通高校篮球教学不但要面对普通大学生，同时也要面对体育特长生、专业体育运动员等专业运动员，对于这些学生培养就需按照竞技体育的模式培养，以此才能提高成绩，完成各类比赛任务。所以，在现代高校篮球教学中，既要培养学生强健体魄，又要竞技成绩，对于不同类型的学生要进行个性教学，统筹兼顾，科学合理地安排学生的学习和训练，既要提高普通学生体质，又必须发展专业运动员，这也是高校体育发展的必然走向。

我国基础教育课程的设计和编排是根据我国学生的实际情况，经过长时间发展，形成的一套固定模式体系。在以往的篮球教学中，主体和关键是教师，学生处在从属地位，学生的学习仅仅是一个被动接受的过程。教师是理论和时间知识的传播者，学生是知识的接受者。当前的高校篮球教学，更注重以人为本，实现人和社会的全面和谐发展，侧重的是人们的终身需要，强调的是素质教育和健康意识。在这种环境下，高校篮球课程，更有必要运用现代高校体育教学方法，为高校培养出综合素质较强的全面人才做出贡献。

第二章　现代高校篮球运动教学的理论发展

篮球运动有利于强健体魄，有利于拓展人际关系，也会让人变得更有团队意识。我国向来比较重视篮球的发展，并在篮球项目上取得过夺目的成绩。

高校是人才的摇篮，是我国未来现代化建设的一支重要力量。高校篮球教学不仅关系着高校学子的身心健康、关系着我国篮球事业的长远发展，更影响着我国社会发展的方方面面。提升高校篮球的教学水平，寻找突破高校篮球教学发展的瓶颈成了高校体育教师亟待解决的问题。

第一节　高校篮球运动教学的基础认知

篮球在我国是一项普及很广的运动，打篮球具有强身健体的作用。对于大学生来说，篮球不仅是一项体育运动，更是一种扩展交际的好方法。篮球是一项团体运动，参与运动的大学生可以通过运动中的相互配合养成团结合作的精神，同时又能锻炼自己的交流能力和理解能力。

一、高校篮球教学的重要性

篮球对于个人身心健康有着重要的作用。对于当代大学生来说，篮球教学的重要性体现在以下三个方面：

（一）增强学生体质

篮球运动可以活动全身关节，促进血液循环，有效增强学生体质。篮球教学可以帮助学生更好地理解篮球基本理论和规则，掌握基本的篮球技巧，以此来吸引学生对篮球的兴趣，帮助学生养成多运动的良好习惯。

如今，有的学生的课余时间一再被压缩，很少有时间能进行大量的体育运动。一方面，随着互联网的发展愈发完善，智能设备普及度越来越高，一些学生将越来越多的业余时间花费在电脑、手机和平板等数码产品上面；另一方面，繁重的学业占据了学生的绝大部分时间。这些因素使得学生或主动或被动地对体育锻炼的重视程度日益下降，许多学生无法保持良好的运动习惯。篮球运动规则相对简单，上手难度较低，可以使学生很快掌握相应的技能。篮球训练还可以帮助学生养成热爱体育运动的好习惯，这不仅可以改善学生的体质，更可以使他们在精神层面上受益终身。

（二）增进同学间的友谊

现在有部分学生更愿意"宅"在家里上网、玩游戏，他们不仅缺乏足够的体育锻炼，还缺少了朋友间的相互交流与往来。篮球可以让学生走出家门，增加和朋友的交流，也有利于培养学生的团队合作精神。

无论是增加同学之间的相互交流，还是锻炼学生的团队意识，篮球都有利于学生相处，增进同学友情。同时，在篮球训练过程中，教师不仅可以向学生传授篮球技巧知识，增加学生对篮球的认识，以激发学生对篮球的兴趣，同时也为师生交流创建了平台，有利于增进师生之间的交流和友谊。

（三）促进学生的心理健康

人的健康包括生理健康和心理健康，这二者共同促进了人体身心健康的发展，是相互结合、相互促进的关系。维持心理健康有助于促进学生生理健康，而生理健康也会使人的心理健康保持在一个良好的状态。篮球运动可以提高学生的身体素质，增强体魄，促进生理健康的发展。同时，篮球也是个人发泄情绪、消除烦恼、增进沟通的有效方式。如今，大学生面临着各种各样的压力：学业压力、就业压力、人际压力等，还有占据他们大多数时间的电子产品，这样的情况使大学生之间的关系比较淡漠，可是内心仍被各种各样的烦恼和重担占据，没有发泄的途径，不想也不知道该怎样和人沟通。此时篮球恰好可以成为他们发泄的出口，通过篮球高强度的对抗和运动可以有效发泄负面情绪，释放压力。篮球教学对于运动习惯养成同样有着重要的作用。

二、高校优化篮球教学的对策

（一）增加篮球教学时间

我国高校篮球课程安排的课时相对较少，而且较为集中。教师在一学期之内既要进行篮球理论知识讲解和技巧训练，还要完成期末身体素质综合考核。因此，实际的篮球教学时间被一再压缩。在这种状况下，教师传授的只能是一些以实践为主的基本技巧，几乎没有涉及理论知识。对此，高校有必要增加篮球课时，并且延长到三个学期进行教学，也可以充分利用课余时间，通过举办各种活动、布置课后作业等方式提高学生的篮球兴趣，使学生能够自主进行篮球训练，同时也要重视理论与实践相结合。

（二）加强理论学习

篮球运动有着很强的实践性，自然而然地会看重训练，只不过"木桶理论"使我们意识到，篮球教学重要的意义在于补足短板。涉及日常的教学实践：一方面，学生要特别留意教师所做的动作示范，规范自身动作，掌握正确的篮球要领；另一方面，教师要加强对学生篮球理论教学的重视程度，将篮球专业知识、医疗知识及应急处理知识等加入课程教学中，加强学生处理篮球课程中各种突发情况的能力。枯燥的篮球理论知识既可以由教师亲自讲解，也可安排学生之间相互交流沟通，以达到最终的理解并实际应用到篮球实践活动中的目的。

为了增加理论教学的趣味性，教师也可以引导学生课后自主学习，通过阅读篮球书籍、上网查找资料、观看相关视频等，从多渠道加深对篮球和理论知识的了解。

（三）调整教学方式

兴趣是促进学生自主学习的不竭动力，因此教师在篮球教学过程中要注重激发学生的学习兴趣。一方面，因材施教，针对不同学生的个性和需求进行个性化教学；另一方面，要通过篮球教学使学生真正热爱篮球，体会到篮球运动带来的乐趣和益处，培养自主学习的能力。除此之外，教师也要根据学生不同的身体素质，采取灵活的教学方式，如理论讲解与实践训练相结合、教师讲解与学生讨论相结合、课上指导与课下引导相结合、标准教学与弹性教学相结合、鼓励表扬与规范指正相结合等，多管齐下，让学生在篮球学习中增加兴趣，让兴趣成为学生学习的原动力，从而使篮球水平得以提升。兴趣与篮球技能相互促进、相得益彰。

（四）提高体育教师综合能力

教师是教学活动的主导者，为了提升教学效率和质量，教师必须具备充足的教学能力。

首先，教师应该拥有丰富的篮球理论知识和篮球实践经验。在教学过程中，教师应将自身掌握的理论和实践知识生动地传授给学生，提升学生的学习兴趣。如果教师理论知识匮乏，高校应该给教师安排集中培训、进修，或邀请专家来校举办讲座、传授经验等。

其次，教师要懂得相关的生理知识，使课程设计更加合理，符合人体的生理规律。在篮球训练和对抗中，难免会出现一些意外的受伤或突发情况，教师应保障学生在教学活动中的安全。

最后，高校可以组织体育教师参加有众多优秀体育教师分享经验的讲座，促进教师交流与沟通，通过相互的经验分享提升所有教师的教学质量，使篮球教学更加高效。

（五）制定适当的教学目标

高校体育教学应该制定详细且可行的教学目标，既要符合实际情况，也要考虑不同学生身体素质之间的差异。恰当的教学目标可以起到事半功倍的效果，如果仅以强化学生的篮球技巧为教学目标，则很难真正引起学生自主学习的兴趣。

首先，保持健康的身体和良好的运动习惯，对每个人的生活、工作和学习都起着十分重要的积极作用。因此，教师应该向学生剖析体育运动的重要性，从而引起学生的重视和自主学习的兴趣，逐步培养学生养成体育锻炼的好习惯，增强体魄。

其次，通过篮球教学过程中的相互对抗和竞争，培养学生的竞争意识，使他们互相帮助、彼此合作、建立团队荣誉感，让他们能在未来的职场中站稳脚跟，并得以向前发展。因此，教师在篮球教学中要制定详细的教学目标，进行有针对性的教学活动，这样才能更好地发挥出每个学生的优势，为他们日后进入社会打下良好的基础。

总的来说，我国高校篮球教学还面临着一系列问题，只有不断地进行完善，提高教师综合素质、制定可行的教学目标、增加篮球教学娱乐性，才能提高我国篮球教学的质量，促进学生身心健康发展。

第二节　高校篮球运动教学的内容创新

一、教学内容与篮球教学内容的相关概念

教学内容，即高校教学中传授给学生的知识思想、技能技巧、观点信念、言语行为和习惯等的总和。我国把规定教学内容的文件称作教学计划、教学大纲和教科书，它们是教学内容的具体化。

（一）教学内容的相关概念

1. 教学内容、课程与课程内容

在传统教育模式中，课程与教学内容、课程内容与教学内容相互关系容易出现混淆，这是由于课程与教学内容、课程内容与教学内容彼此存在关联性。然而从本质上看，几者相互之间存在区别。课程应包含教学内容，课程内容代指内容选择与组织设置；教学内容则代指教学过程中以教学内容为对象的选择与加工，是教师实施的、作用于教学内容的加工处理、删减补充、改变替换等教育工作过程，是师生针对当前课程内容为对象开展的教学活动，也是师生对课程内容的发展和再创造。在课改理念的指导下，教师加工、处理课程内容以及师生协作互动创建发展新内容得到了重视。

2. 教材、教材内容与教学内容

教材即教科书，指代用图形、文字等语言符号的形式表现出来的一定教学内容的教学用书，是以事实、原理等形式来表述教学内容知识体系的，是教学内容最直接、最常见的物质载体。教材与教学内容并不等同，教学内容中的直接经验、情感经验等是不能通过教材体现出来的。从某种意义上说，教学内容涵盖了教材，教材是教学内容的直观体现。

将教学内容与教材内容等同起来，原因在于教材内容、教学内容二者紧密相关。教学内容源自对教材内容的演绎，最终发展成为对教材内容发展的再创造。教材内容属于教材具体化的概念，解决的是"用何去教"。教学内容则是学生学习、知识内化的具体资源，由教师加工处理得出，理想状态下教材内容能够实现"课程内容教材化""教材内容教学化"。在当前环境下，教师需要更新陈旧教学观念，将学生知识技能学习与身心全面健康发展视为教材追求的"范例"，灵活使用并正确把握教材，使教材服务于教师和学生，

并紧随时代发展积极推动教材创新和深加工，教师由以往的"教书匠"向"研究者"方向努力转变。

3. 教学内容与课程资源

课程资源是课程改革推进、教学设想实现的坚实保障，倘若没有课程资源，则课程改革必将变成空谈，会因为无法转变为现实而最终失败。课程资源的丰富程度与适合程度在很大程度上影响并决定着教学目标向现实的转变，因此，明确课程资源的具体含义是十分必要的。

包括课程形成要素、课程来源及课程实施必要条件等多种因素在内，只要能够帮助课程目标的实现，都能被称为课程资源。课程资源包括显性与潜在两种类型，诸如图书馆、资料室等属于前者，良好学习风气、平等互助的课堂学习氛围等属于后者。课程资源范围十分广泛，包括直接对课程起作用的素材性资源（知识技能、经验能力等），通过影响其实施范围与水平而对课程起作用的条件性资源（人力、财力、物力等）、物质形态资源（科技设备、文化馆、古迹等）、精神形态资源（价值观念、行为准则、习俗风气等）。从对课程资源的大致理解可以得知，其都有教授和学习价值，能够全面支持教学活动的开展，教育价值主要体现在对学习的服务上。因此，教师和学生按照既定标准对其做出筛选加工后，课程资源完全能够融入课堂教学中，完全能够被视为高校篮球教学内容的有机组成部分。

（二）篮球教学内容的相关概念

1. 学习活动

进入 20 世纪，科学技术的进步在社会发展方面的推动作用逐渐明显起来，这一现象在教学发展中也有明显反映。如著名的"活动分析法"，利用成人活动研究来识别各种社会需求，进一步将其转化为课程目标，再将课程目标转化为学生学习活动，使其作为教学内容而被落实。

从某种意义上说，"教学内容即学习活动"的取向是对前面提及"教学内容即教材"的反对。这种教学内容取向重点并不在于呈现、传递给学生系统性的理论知识，而在于鼓励学生积极参与各种类型的学习活动，突出的是学生外显性学习活动。该取向十分重视外显以及动态性内容，并将这种内容作为教学内容。

2. 学习经验

学习经验最初是教育学以及心理学中的术语，经过演变，学习经验也成为教育教学理论中的常用语。将学习经验归纳到教学内容之中，重点在于强调学习质量最终决定因素。最终决定教学质量的是学生自身而并非教材，学生是教学活动的主动参与者。提出教学内容中呈现的知识只能被"学"会，并不能被"教"会。这是一种将教学内容看作学习经验的内容取向，对于强调学生在教学过程中的主体地位、发挥其主体作用十分有利。但同时也使课程设计不得不加大了难度，原因在于只有学生自身才能够对这类经验的结果以及现时的状态有真正深入的了解。然而若按照这一理论出发，将教学内容的支配权交付于学生，则其结果也就可想而知。

在高校体育篮球教学改革过程中，有关"以学生为主体"的主张日渐高涨，这种教学内容取向也被经常提及，然而在选取、组织教学内容的实践过程中，则较少有相关实践行动。

上述不同的教学内容取向是分别站在不同性质形态知识表现以及课程实施过程角度来审视的教学内容，无论哪一种都有着一定的合理性，然而无论哪一种也都存在明显弊端。教学内容与教材、各种学习活动、各种学习经验都不等同，如若坚持单一某个方面，忽视或无视其他方面，将几者的关系对立起来，这种做法对于高校篮球的教学内容改革来说都是不值得提倡的。相反，应该着重考虑的是怎样处理好几者之间的相互关系，使其能够有机融合到一起。

二、高校篮球教学内容创新的意义

对于高校篮球教学来说，选取组织教学内容的问题直接关系着课程目标能否顺利实现，对于实施课程教学活动来说有着极为重要的意义。

首先，教学内容同教学目标相互的逻辑联系紧密而不可分割。课程内容科学性、合理性的程度深浅对教育目标、课程目标最终实现有着直接的制约作用，也间接地对体育教育专业篮球人才培养规格、质量等有着影响。课程内容的不同内在结构，直接作用于学生素质培养方向、学生各项发展结构。

其次，对于高校体育篮球教学来说，课程内容对篮球课程实施过程中各项教学活动开展的方式以及方法等有着直接影响。受直接经验教学和间接经验教学的模式、方法等方面的本质性不同限制，高校体育篮球教学内容性质、编辑逻辑顺序等必须在课程具体的实施过程中灵活处理、合理应对。归纳来看，教学内容的科学合理性对于高校体育篮球教学的创新发展而言是核心问题。

三、高校篮球教学内容的创新策略

要弥补传统高校篮球教学内容上的不足之处，教学内容与时代、社会发展需求相适应，就要对传统教学内容实施改革，开展教学内容的创新。实施创新的问题，具体可从如下方面着手：

（一）树立观念，强调创新人才培养

进入 21 世纪以来，创新逐渐在时代精神中占据了重要席位。创新精神是国家和民族进步的不竭动力与坚实支撑，而个体的创新精神、意识与能力养成的最有效途径是教育。教育是新知识传播、创造和运用的主要领域，是创新人才养成的主要方式。

高校篮球教学要实现创新人才培养，必须在教学观念方式、内容手段、方式评价等各个方面做出深入改革。面对这一形势，要以观念创新同内容革新为突破口着手推进。教师需紧紧把握新课程改革的难得契机，适时更新教学观念，构建教学创新观，时刻关注时代发展趋势、社会变化以及学生实际发展状况。在此前提下，对高校篮球教学内容进行更新重组，为学生提供最新、最具科学性的知识和理念。与此同时，高校篮球教学实践过程中，教师要重视学生在教学中的主体地位，要强调学生在批判质疑、创新探索上的精神培养。从某种角度上说，篮球教学过程中，发生在教师同学生之间的任何交互活动都将转变为各种形式的学习内容、学习经历，并最终在学生思想意识领域中留下印记，在潜移默化中对学生之后的发展起到长远而深刻的影响。

高校篮球教师必须有意识地建立起教学创新意识理念，对学生"奇思妙想"持有尊重、鼓励的态度，而非一味否定打击，要关注学生的好奇心、探索欲，要从当时、当地的情境出发，因势利导，通过潜移默化的方式培养学生的创新观念意识，使学生的创新精神和能力得到强化。

（二）深入开发与充分利用篮球课程资源

从课程理论角度出发，课程资源的开发价值至少要经过三层检验、筛选才能最终确定：第一层检验为教育哲学，即有价值的课程资源要能实现教育理想、推动办学宗旨转变为现实，并能够反映社会发展需求与进步方向；第二层检验为学习理论，即有价值的课程资源需要同学生学习的内容保持一致

性，要能够与学生身心发展特点相符合，能够同学生兴趣爱好、发展需求相适应；第三层检验为教学理论，即有价值的课程资源需要同教师教育、教学修养的实际发展状况保持有一致性。由此可知，高校篮球教学内容的创新必须经过这三重标准的严格检验，只有完全通过才能够被作为必要课程资源而被归入到高校篮球教学层面中。

在实践过程中也必须认识到，深入开发与充分利用后的课程资源价值体现的关键在于，其是否能够在高校篮球教学实践中发挥出应有的作用。实践是检验真理的唯一标准，只有在融入高校篮球教学实践并真正发挥出积极效用后，教学资源的存在价值与应有意义才得以彰显。深入开发与充分利用篮球课程资源可从以下方面入手：

首先，从调动一线教师积极主动性入手，实现教师课程资源最大限度地开发与利用。篮球课程资源缺乏的原因多种多样，其中，薄弱的课程意识也是引发这一问题的重要原因，当前存在一线篮球教师未能充分意识到自己也是课程资源的重要组成部分的现象。教育改革的深入要求教师不得不面对挑战、应对新要求，其中极为重要的一项就是教师具备课程开发能力及相关专业素养。教师在很大程度上对鉴别课程资源、开发新资源、积累生活中的课程资源以及二次利用资源等方面起着决定性作用，举例来说，教师自身的学识积累、能力技巧、经验经历等都能够与篮球教材有机融合到一起，使篮球教学课程资源得到极大丰富。可见，调动广大授课教师积极性，使其树立起课程资源开发意识，对于篮球教学资源的开发以及教学发展的推动有着显著的重要性和必要性。

其次，以广泛调查作为参考，明确篮球课程资源的开发类型以及开发方式。社会调查要保证广泛性和代表性，对当前社会环境下篮球人才素质的基本要求有所明确，对当前社会环境下篮球课程资源开发利用的选择范围有所明确。要特别以学生为对象开展广泛调查，对当前学生篮球课程资源方面提出了何种需求、对篮球课程资源表现出了何种兴趣以及何种篮球课程资源能够对学生学习发展起到帮助作用有所明确。确定了开发利用的篮球课程资源的类型后，开展广泛调查，收集意见、建议，确定资源开发与利用的详细措施，从实践层面确保资源能够以更加高效顺利的方式切实和高校篮球教学融合到一起，全面具体地为篮球教学活动和学生发展服务。

最后，培养独具特色的校园篮球文化。校园篮球文化本质上是教师与学生之间的传统习惯、思维行为方式等的综合体现，是在校内、班级等特殊场所，由校园个性化社会结构、成员共同发展目标等的支撑而产生和发展起来的。校园篮球文化作为课程资源来说有一定特殊性，具有非学术性、隐性课程的作用，能够潜移默化地培养学生健康人格。

（三）开发利用学生资源

高校篮球教学设置的出发点是学生发展，课程变革的出发点和目的也是为帮助学生实现更好的发展。高校篮球教学内容选择与组织，必须将学生身心发展实际状况充分考虑其中，重视学生兴趣爱好、认知水平、情感个性等方面的差异性。同样，教师在开发与利用学生资源过程中，必须更新传统教育教学理念，正确认识并充分尊重学生作为独立个体的差异性，保证学生在教学活动中的平等权利，重视学生的教学主体地位，最大限度地发掘学生的内在潜能。

（四）创设良好多元的教学情境

20世纪80年代末，建构主义思潮从西方兴起，建构主义从新视角提出了针对知识、学习、教学的解读。在建构主义来看，知识有复杂性、建构性、社会性、适应性以及情境性，知识由个体建构而成，学习并非从当前世界中发现意义的活动，而是个体借助活动、对话、交流等方式实现意义建构的过程。同样，高校篮球教学也需要积极创设教学环境，构建"学习共同体""学习者共同体"，引导学生切实、主动地融入教学活动中，自主探索并发现问题、寻求答案，从而实现自身知识体系、认识系统等的建构。总而言之，建构主义理论对于创设科学性、多元化的教学情境是极为重视的。

高校篮球教学的实现，体现了教师、学生以及内容与环境的互动成果。多元教学观提出，教学具有非确定和非预设性，学习是动态的知识建构和创生活动。教学过程中，教师需要帮助学生实现知识能力构建，情感态度和价值观培养，教师需要成为课堂上的引导者、教学活动的促进者以及学生学习活动的合作者，学生需要积极接受教师引导与帮助，发挥主观能动性，成为学习的创生者。

高校篮球教学情境创设对于教学的推动作用不言而喻。宽松和谐、平等民主、积极生动的教学情境能够帮助学生勇敢质疑、进行批判，不惧怕犯错误。学生思维活跃性能够被最大限度地激发，创新意识、能力能够得到有效提高，对于学生全面发展来说也更有帮助。高校篮球教学中，构建多元教学环境就需要在教学过程中适当增加教师和学生以及学生相互之间的互动教学内容。

以交流交往、对话合作为支撑构建起来的多元教学情境以及在此情境下衍生出的教学内容，同样也是高校篮球教学内容的重要组成部分，相对比来看，这部分内容属于隐性教学内容，对师生生存状态改善和自身价值实现意义深远，借此内容教师和学生能够切身感受到教学活动的内在生命力和丰富多彩的艺术感。

针对隐性教学内容的教学活动，在大部分情况下无法以"师传生受"的方式开展，只能在某些教学情境中，借助篮球教师和学生的非言语交流才能实现。可见，对篮球教学非常重要的隐性内容的教学必须有良好教学情境做支撑，良好多元教学情境的创建对于高校篮球教学内容创新而言是不可或缺的重要策略。

（五）借助多元方式全面提高教师素质

教师素质以及其在教学过程中所能起到的作用对于高校篮球教学内容的创新而言有着关键性影响。在新课程改革的大环境下，对比以往教师的课程意识有了极大程度的拓展，高校篮球教学内容展现出了以往不具备的开放性、不确定性和动态生成性特征，客观上要求教师需要具有课程资源的开发能力，成为课程创新发展的推动者。种种客观要求体现了对教师作为课堂教学主体的尊重，对其教学创造性能力的重视：一方面是为教师能力发展提高创造的新机会，另一方面也是对教师提出的严峻挑战。广大教师是否能够适应上述新变化，是否能够在新形势下承担起诸多重任，是否能够顺利实施预期中的有效教学，都同教师素质、能力有密不可分的关系。借助多种方式全面提高教师素质是十分必要的，对于广大教师来说，全面提高自身素质、承担起历史和现实赋予的育人职责依旧任重而道远。

第三节 高校篮球运动教学的原则与方法

在篮球教学活动中，合理的教学目标可以从根本上决定教学质量的好坏，指引教学任务的方向。但在具体的执行方面，还需要配套的原则与方法，从而进行更细致的完善和补充。

一、高校篮球运动教学的原则

（一）篮球运动课堂教学原则

教学活动要遵循一定的教学原则，这样可以保证教学活动的有序进行，并保证教学质量。在篮球教学中，除了要遵循一般的教学原则，还要遵循篮球运动特有的专项教学原则。

1. 一般性原则

（1）自觉性原则。在篮球教学中，教师要着重培养学生自主学习的能力，具体从以下两方面入手：

第一，在教学中尊重学生学习主体的地位。学生要意识到学习的重要性，同时这也是推进他们持续前行的动力。兴趣是最好的老师，只有学生对篮球真正感兴趣，才愿意花时间和精力学习，从而取得良好的学习效果。

第二，充分发挥教师在教学活动中的重要作用，教师应该做到三点：①虽然学生的能力各不相同，身体素质和心理也存在着差距，但每个学生的学习机会是一样的。在教学活动中，教师要对所有学生一视同仁，尊重每个学生之间的差异性，让每个学生都能进行有效的教学。在学习的过程中，学生自身也有需要完善的地方，此时教师需要给予及时的指导，对于表现优秀的学生，要及时表扬称赞；对于表现较差的学生，要加以鼓励；对于懒散的学生，要端正其学习态度。通过教师合理的引导，学生会认识到学习的重要性，发挥自己的学习潜力。②加强对学生的引导，激发他们对篮球的兴趣，并逐渐养成长期篮球运动的好习惯，对于篮球爱好者而言，篮球是一项洋溢着激情和活力的运动，对人的身心健康有益处，所以在日常教学过程中，教师应该向学生展现篮球运动给人带来的好处，让学生直观地看到篮球运动对他们的直接帮助，这样他们才会更加主动地参与篮球运动。同时教师也要采取丰富多样的教学方法，增添课程的趣味性，将理论与实践结合起来，提高学生的篮球水平。③教师应注意建立民主平等的师生关系，创造一个生动、和谐的教学环境。

（2）渐进性原则。人们接受新事物时，其认知不是一步达成的，而是一个要经过不断了解和摸索的过程。这个过程需要经历从简单到复杂、从低级到高级的过渡。因此，在从事体育教学的时候，教师对于这个规律应该加以充分理解和认识，在课程设计中要体现出循序渐进的特点，通过递进式的学习逐步掌握篮球相关技巧和方法。在贯彻渐进性原则的过程中，人们应该注重以下三个方面：

第一，注意教学内容的系统性。篮球教学的时间跨度长，内容繁多且复杂，每一时间段的教学内容也不尽相同。为了使教学能够顺利进行，提高教学效率，制定系统性的教学方案是很有必要的。系统性的教学有利于逐步培养学生的知识体系，同时也要求教师在这个过程中要遵循篮球教学规律，明确大纲要求，有规划、有效率地开展教学活动。

第二，注意教学方法的系统性。在篮球教学过程中，学生从入门到真正掌握篮球技巧一般要经历三个阶段：第一个阶段是泛化阶段，指的是让学生对篮球运动有一个初步定位和认知；第二个阶段是分化阶段，使学生的技术和水平在基础之上得以巩固与发展；第三个阶段是自动化阶段，此时学生已经能够熟练掌握技巧。在这三个阶段中，学生的学习过程是累积递进的，每个阶段都有其独特的教学方法和思路。因此，教师在不同的教学阶段要采取不同的教学方法。

第三，合理安排运动负荷。在篮球教学过程中，教师要注重教学强度的安排，有时候教学强度过高会使身体高负荷运转，但在正常的体育训练中，适度的疲劳也会产生积极的作用，可以有效提升人的体能，促进超量恢复形成，有利于增强体魄，强身健体。但体育训练也要遵循适度的原则，经常性的过度疲劳也会给身体带来损伤。

（3）直观性原则。直观性指的是人们可以利用听觉、视觉和触觉等方式直接感受事物的一种特性。在篮球教学过程中，教师可以充分发挥学生的这一特性，让学生用各种方式充分发挥自身的主观能动性，调动全身的感官，亲自参与到篮球运动中，感受篮球运动的每一处细节，从而更好地体会篮球运动的魅力，以产生学习的兴趣。

在篮球教学中，常用的直观教学法主要有动作示范、沙盘演示、观看视频和技战术图片等。同时在篮球运动中，人们可以从三方面更好地贯彻直观性原则：①要有明确的目的和要求。这是篮球教学中对直观性最基本的要求，主要指的是在篮球教学中，所有教学活动的进行和教学方法的实施都要有确定的目的，同时还要能够根据实际情况进行调整，并最终达到相应的要求。②启发学生的思维。直观性教学最显著的优点在于可以让学生亲自参与教学，教学过程中的每一处细节都可以通过最直接的方式进行体验，加强教学效果。但同时也要注重启发学生思维，培养其独立思考的能力，使其将直观的亲身体验和思维活动结合起来，并通过之后的不断练习和经验总结，更熟练地掌握篮球技巧。③充分调动学生的感官。在篮球教学中践行直观性原则，需要学生调动包括听觉、视觉、触觉在内的所有感官，并亲自实践。这种做法可以使学生亲身感受到篮球技巧的要领所在，将学习到的理论知识转化为实践操作，加深印象，提高学习效率。这种自主性学习也有利于培养学生的学习兴趣，增强学生的学习积极性。

由于成长环境和先天性的差异，每个人的身体素质是不同的。因此，教师在篮球教学中要因人而异，合理设置课程强度，使课程教学趋向合理化，真正达成教学目的，产生良好的教学效果。从广义上来看，运动负荷适量性原则会涉及一个有序性问题，也就是从小到大以及大中小的问题。人在运动的时候很容易出现疲劳的现象，教师应该根据教学场地、天气、环境等外部条件和学生身体素质等因素，使教学更加合理、科学。

2. 专项性原则

上面所叙述的都属于课堂教学中的一般性原则，下面将以运动技能的公开性和对抗性作为依据，进一步研究篮球运动独有的特点以及相应的教学经验。从认知策略的层面看，体育教学主要有以下五项教学原则，也被称为专项性原则，具体如下：

（1）技术个体化和区别对待。在篮球教学过程中，篮球技术的动作要领是能够被人们直接看到的，同时也是检验学生篮球水平的直接方式。因此，学生普遍追求技术的规范性。但学生首先要明白什么样的动作是规范的，其次才能明白应该怎样做才能达到规范的效果。所谓规范，是指篮球的基本动作要符合人体运动学特征，体现出实用和节省的特征。但是具体来说，每个人的身体素质、形态以及行为方式都有很大区别，因此动作的规范性具体到每个人来说，也都会呈现出不一样的形式。只要符合教学目的，能体现出篮球运动的技术和要领，那么就可以允许存在一定的差异，只不过个性化的表现也是有所限定的，而这些应该以规范的篮球教学作为基础，还有就是整体的规则和理念以及战术思想应尽量保持一致。此外，学生之间篮球水平存在较大差异，但只要对教学效果没有大的影响，也是符合规范性的。针对这种情况，教师要因材施教，根据学生的不同身体情况及时调整教学方式。

（2）实效性。实效性指的是篮球教学要注重实际效果，具体可以从以下四方面入手：

第一，教师应从学生的实际情况入手，分析在篮球教学中存在的矛盾，区分其中的主要矛盾和次要矛盾，以此为根据，判别篮球教学过程中的主要问题和次要问题。

第二，教师应对有关篮球运动的教材和教学方法做深入地研究，并要不断调整教学方式和方法，在个人教学中更好地融入现代化元素。

第三，教师应在篮球运动的技战术教学中精讲多练，精讲是在深入分析篮球运动教材和学生实际的基础上实现的，多练是指设计符合篮球运动特点和学生实际水平的练习方法，给学生更多实践的机会。

第四，为了提高篮球教学的普及性，吸引更多的学生在课下也参与篮球运动，教师应简化篮球教学过程，使之简单易于操作。在同样的教学时间内，既可以让学生掌握篮球技能，也可以达到增强体魄和提升能力的效果，而这些也是在教学中采用实效性原则的意义所在。

（3）专门性知觉优先发展。篮球运动注重对篮球的专门性知觉的发展，也就是"球性"。通过大量的触球、拍球和控球训练，使手指、手腕适应和熟悉球的感觉，以便在运动中能够更好地控制篮球，促使其技术水平提高。专门性知觉优先发展是篮球运动特有的教学原则。

（4）学习技术动作与实战对抗运用相结合。篮球比赛过程的主要内容就是进攻和防守，其中的攻守对抗和攻守转换是该运动的核心部分。在此项运动中，双方运动员是互相对抗的，可见对抗性和开放性是篮球运动的主要体现，所以在教学实践过程中最重要的是实战对抗能力练习。正因为双方队员激烈的对抗，所以篮球比赛才呈现出惊心动魄的场面，使篮球运动更具观赏性和竞技性。没有足够的对抗性，篮球运动也就不符其实了。

由于对抗性在篮球运动中具有重要的作用，因此教师要重视对抗性的演练，在安排课程和设置教学计划的时候，要将对抗性作为篮球教学的重点，并合理安排与其他教学内容之间的关系。教师在篮球教学中也要注意教导学生在实践中学习应用技术。为了更好地锻炼学生的对抗性，可以先从防守练习做起，通过进攻来提升他们的防守水平，或通过防守让学生学会更多的进攻套路。只有在实际练习中才能领悟篮球对抗性的真谛，在不断的对抗中提升篮球水平。同时在对抗性的演练中要注重攻守平衡，切不可重攻轻守或重守轻攻。只有将攻守结合起来，在实际中互相渗透、不断学习，才能从整体上提升篮球水平。

（5）多样性与综合性。篮球运动是一项极其丰富多彩的运动，在实践运动中，它有着鲜明的特点，比如综合性的技能、对抗性的比赛、应变性的战术、团体性的项目。篮球运动既是激烈的体育竞技比赛，同时又具有充足的观赏性，因此篮球运动体现出了综合性和多样性的原则。篮球运动教学过程中，理论和实践是紧密相连的。教师在教学过程中，要想遵循这些原则应该从以下三方面入手：

第一，从单个技术动作练习入手，并逐渐将组合技术和综合技术练习结合起来。篮球教学中，单个技术动作是最简单的练习，是组成组合技术和综合技术的基础。练习单个技术动作时要注重规范性要求，而组合技术和综合技术练习是多种单个技术组合而形成的，其内容复杂、形式多样，练习的难度也较大，但组合技术和综合技术练习可以有效提升篮球技术的实际运用水平。各种篮球技术之间的组合与衔接，充分体现了篮球运动的综合性，在篮球教学中，学生不仅要掌握良好的篮球技术基础，更要注重对综合技术运用能力的培养。

第二，重视技战术与意识相融合、身体锻炼与作风培养相融合。篮球是一项充满对抗性、节奏较强、高强度的体育活动，这不仅要求运动员具有充沛的体能，更要在瞬息万变的节奏变化中有着清醒的思维，因此对于运动员的体力和智力都有一定的要求。在篮球教学中，学生除了掌握丰富的篮球技巧，也要学会思考，养成阅读比赛的能力。

第三，采用多样的教学方法和教学形式。对于基础的传球练习来说，在实际练习中可以运用不同的教学方法进行针对性练习。例如，传球可以分为原地传球、移动传球、行进间传球、配合传球等形式。同时，由于教学场地、环境以及学生自身情况等原因，实际教学不能完全照搬教材，因此教师要根据现实情况的变化调整教学方法。多样的教学方法和形式可以使学生更快掌握篮球技术，对于身心健康都有着重要的作用。

（二）篮球运动教学原则

篮球运动教学往往需要把篮球运动的规律作为依据，同时训练的过程中一定要遵循基本的规则，这些对于具体的训练有着一定指导意义。篮球训练的教学原则分为很多种，比如直观性原则、自觉积极性原则、辩证性原则、持续性原则、循序渐进原则。

1. 直观性原则

无论在篮球理论知识的学习中还是在篮球技术的锻炼中，教师都要遵循直观性原则，引导学生充分调动全身的感觉和知觉，通过思维活动深刻理解篮球运动。直观性的教学方式有利于学生亲自参与篮球运动，在真实的体验中将理论知识转化为实际运用，并形成独特的认识。通过一定时间的教学有助于激发学生的积极性，并逐步提升他们的篮球竞技实力。

在篮球训练的各个阶段，运动员都要充分运用自身的感官去体会和深化动作。通过视觉、听觉、触觉等多种感觉器官所得到的形象化认识，能有效帮助运动员进行正确思考和掌握运动技能。在篮球教学中，教师应该从以下两方面入手遵循直观性原则：

（1）重视训练初期的示范教学。通过动作示范教学，可以帮助学生更快地掌握每个动作的训练要点。动作示范包括正确的动作示范和错误的动作示范，正确的动作示范从正面的角度直观地向学生演示动作标准，而错误的动作示范则可以起到对照的作用。通过对比，学生可以清楚地认识到自己不规范的地方，从而进行自我修正。在篮球教学的初期，为了便于学生理解，教师可以将动作进行拆分示范，帮助学生掌握每个动作的细节和要点，对于一些高难度的训练动作，可通过增加触觉和体感的方式示范正确的动作。初期的示范教学在整个篮球教学中有着重要的作用，是学生能够继续学习篮球技巧的基础。

（2）利用现代化教学设备进行训练。利用现代化教学设备可以使篮球教学达到事半功倍的效果。常见的教学方式有挂图、现代影像技术等，学生也可以通过观看其他高水平运动员的训练影像，体会动作的规范性和完整性，这不仅可以开阔学生的视野，还能激发学生的学习兴趣。

2. 自觉积极性原则

在篮球教学中，如果仅靠教师在课堂上的引导是很难进步的。教师要对学生进行启发教育，转变学生对篮球教学的认识，使学生养成自主学习的能力，从而积极地投入运动中，以创造性的视角来完成训练。

只有拥有明确的教学目标，学生才有充足的学习动力，才能自发地、积极地投身于篮球运动中。因此，训练目的对于学生学习积极性的培养具有重要的作用。具体来说，教师可以从以下三方面入手遵循自觉积极性原则：

（1）加强学生的目的性和价值观教育。篮球运动是具有明确目的性和意识性的，整个运动过程都伴随着目的性的引导。篮球运动训练有助于人体健康，并激发运动潜能。持之以恒的篮球训练活动能够提升学生个人的身体素质。通过各种方式的篮球运动训练，可以培养学生的目的性，使学生从个人、家庭、集体、民族、国家的重要性及其巨大的社会价值中获得鼓励和激励，从而树立为之奋斗、拼搏的志向。

（2）发挥学生在训练中的主体作用。学生是学习的主体，在篮球训练中，要发挥运动员的主体作用。首先，学生一定要对训练的内容、目的、人物、计划等有所了解；其次，学生也可以作为运动计划的参与者，来对训练计划进行设计、总结，从而帮助他们实现主动的训练；最后，每一个学生都有其独有的特征和思想，因此在教学过程中，教师要对学生进行个性化教学，帮助学生养成独立思考的习惯。

（3）根据不同的年龄阶段安排相应的训练内容。不同年龄阶段的学生其心理成熟程度不同，有着不同的看法、思想和兴趣。因此，在篮球教学中教师要因人而异，抓住学生不同的心理特征，有针对性地安排差异性的教学内容，满足不同学生的不同学习需求。例如，对于低年龄段的学生，教师可以通过游戏的方式引导学生训练，利用做游戏的愉快心理引起学生对篮球的兴趣，从而满足他们的心理需求，逐步建立起篮球训练思维。

3. 辩证性原则

辩证性原则通常用于不同的问题和规律。通常来说，辩证性原则包括相对应的两方，这种训练原则在篮球运动训练中经常出现。篮球运动训练中主要遵循的辩证性原则有以下四点：

（1）一般训练与专项训练相结合。一般训练是篮球训练的基础，可以帮助学生掌握基本的篮球技巧和动作规范；专项训练具有针对性，可以针对性地提升学生的某一薄弱项目水平。将一般训练和专项训练结合起来，可以从整体和部分、一般和特殊的角度更好地进行篮球训练，明确各个阶段训练中的任务、特点和训练对象，提升运动员对篮球的认识。

学生要注重自身篮球技术的全面发展，因此教师在训练中应该通过不同的训练方法对运动员进行全面训练。在技术训练的同时教师也要加强学生非专项理论知识的学习，从理论知识和实际训练两方面共同提升学生的篮球水平。

学生的身体素质与技术动作之间是相互促进、相辅相成的关系，具体体现为进行技术训练的前提是良好的身体素质，同时技术训练也为拥有一个强健的体魄提供了有力的保障。唯有经过扎实的日常训练，才能在比赛中发挥出理想的效果。

（2）统一安排与区别对待相结合。统一安排是指所有学生都要遵循相同的训练原则，在同一时间，他们按照相同的方法进行训练，以实现共同提高。区别对待则与之相反，由于每个人的身体素质、学习需求、个性特征等不尽相同，因此该原则主要针对个人训练，在教程设置和教学方法上因材施教，对每个学生都进行有针对性的教学。

统一安排和区别对待的结合可以有效提升训练效果，教师要关注学生的训练水平、身体素质、个人技术等方面的不同之处，将两种原则结合起来，加以灵活运用。

（3）个人训练与全队训练相结合。个人训练是指在篮球教学中，个人根据自身情况进行针对性训练；全队训练是指所有学生在教师的引导下，通过相互配合与协作，进行全队的技战术练习，提升团队的配合和默契程度。

每个人都是独立的个体，在身体素质、思维理解等方面都存在着明显的区别。相同的训练内容具体到每个学生身上，都会呈现出不同的训练效果，因此在篮球教学中，教师要针对每个学生的个性特点，安排不同的训练内容，扮演不同的训练角色。同时，也要针对学生的不同训练需求，选用合适的训练方法。只有通过针对性练习，每个学生各自的优势才能得到最大化的发挥，从而激发学生的潜能。

（4）全面发展与特长技术相结合。通过观察现代篮球的发展历程我们可以发现，篮球运动员要想有所作为，发挥出顶尖的水平，必须满足以下两个条件：

第一，成为一名优秀运动员的前提是能够熟练运用各类篮球技术。为达到这样的目标，运动员应当不断精进自己的篮球技术，找到自己的缺漏和不足，并及时补足这些缺漏之处。在此基础上，篮球运动员还要能将学到的技术转化为实际操作，能够在比赛中真正发挥出来。

第二，在篮球运动发展过程中，技术并不是一成不变的。随着外界环境的改变，以及人们对篮球的观念和实际需求的更新，篮球技术也在不断增加新的内容和形式，这就要求运动员及时转变思维方式，紧跟篮球发展的脚步，要具有符合自身特长的独特技术，这样才能在篮球比赛中克敌制胜，不断取得好成绩。

4. 持续性原则

任何运动的技术都不是短时间内就能掌握的，必须通过持之以恒地锻炼。在长期的篮球训练中，人的肌肉会不断增强，篮球技术也会更加熟练，经过持久的练习之后，篮球水平就会有很大的提高。但如果无法长期坚持下去，那么之前一切的锻炼成果就会逐渐消失，篮球训练同样如此。因此，持续性原则是提高篮球水平的充分必要条件。

（1）不断增加训练内容和训练负荷。持续的、低强度的训练是起不到提高技术水平的作用的，只有在超过身体负荷强度的训练下，技术才会进步。但要注重循序渐进，随着训练进程的不断深入，逐渐增加训练强度，让身体有个适应的过程。具体来说，在训练中要遵循从低到高、由易到难、由简入繁的层层递进训练原则。同时，在这个训练原则的基础上，要利用合适的训练方法，只有将训练内容和方法结合起来，才能对学生篮球技术的提高起到促进作用。此外，影响训练负荷的一个重要因素是运动员自身的真实水平，尤其是在训练技战术的配合时，为了保障整个团队能够配合良好，从而取得好成绩，教练会根据各个学生的真实水平来安排训练内容和负荷。

（2）合理控制间歇时间。在高强度的训练中，要合理地利用间歇时间。运动员技战术的掌握过程实质上是条件反射、动力定型的形成过程，如果间歇时间太短，肌肉得不到足够的休息，容易受伤；如果间歇时间过长，之前通过训练已经建立的神经联系和形成的肌肉记忆就会逐渐消失，已掌握的技战术就会生疏，即使是原来已达到条件反射程度的技战术也会变得不熟练，以致产生各种错误，同样也会导致身体机能的退化。

（3）巩固和提高机能适应性。随着训练方式的变化，运动员的机体也会随之变化，这种变化既有来自生理和形态方面的变化，也有来自生理和心理技能方面适应性的变化。体育锻炼可以重新塑造一个人的形态，还可以对其心理和生理产生深远的影响，同时提升运动员的适应性。但这种影响也不是一蹴而就的，只有经过持之以恒的训练，才会使运动员形成变化。因此，运动员必须进行不断的训练，提高自身适应性和身体素质。

5. 循序渐进原则

循序渐进原则指的是在篮球训练的过程中，在不断增加训练内容、训练强度的基础上形成的自然规律，也就是从小到大、从简单到复杂、由易到难的过程。训练过程中一旦急于求成，将无法取得好成绩，更严重可能会受伤、损害身体健康。遵循循序渐进的原则时应注意以下两个方面：

（1）系统性训练。循序渐进性原则要求篮球运动训练必须系统化，对训练的难易程度及攻守技战术练习体系进行系统安排，这样的训练才更具有合理性，更能有效提升学生的训练效果。只有在掌握基础训练内容的基础上才能实现队员之间的相互配合，进行全队的战术训练。

（2）阶段性训练。篮球训练要根据内容的难易程度分阶段进行练习。具体来说，篮球训练可以分为以下三个阶段：

第一，形成阶段。学生进行训练可引起机体的适应性变化，使机体能力、身体素质、心理品质和专项技战术不断得到提高，从而形成统一的、具有专项化特征的竞技状态。

第二，保持阶段。学生要将自己的运动潜能全部激发出来并保持良好状态，在比赛中取得好成绩。

第三，消失阶段。在高强度的训练过程中，身体极易疲劳，这会使身体器官的机能产生一定损伤。因此在训练过程中，学生要注重通过休息缓解疲劳，这个时候，学生则需要通过持续调整、恢复和训练，才可以进入一个全新的训练周期。

二、高校篮球运动教学的步骤与方法

（一）篮球运动技术教学的步骤与方法

学生技术水平的变化意味着篮球技术教学需要随之做出相应的调整，因此教师对篮球初学者和已经掌握了一定篮球基础的学生应当分别采用不同的教学方法和内容。

1. 建立正确的技术动作概念

（1）讲解。教师在给学生讲解篮球技术动作时，要做到以下三点：

第一，讲解要生动、简洁、形象，能够吸引学生兴趣。

第二，在讲解过程中，对于篮球中的专有名词、概念、术语、关键技巧等内容，要做到通俗易懂、讲解全面。

第三，在讲解过程中，应该区分好内容的主次。对于重点内容，要着重讲解，同时在讲解时要注意创新。

（2）示范。有些概念性的知识或动作技巧等内容比较抽象，如果只通过口头讲解，则无法形成深刻的印象和直观的感受，对于这些内容教师要进行亲自示范。示范也是讲解的一部分，通过观看示范动作，学生可以形成更直观的感受，加深了解程度。实际上，通常情况下教师在授课过程中会亲自做示范，以帮助学生进行理解和记忆。示范既可以在讲解前进行，也可以在讲解之后进行，教师具体采用何种方式，则要根据具体的教学进程和实际情况进行选择。

2. 形成正确的技术动力定型

（1）在简单条件下练习技术动作。一些相对简单的技术动作会比较容易被吸收运用，对于一些有难度的技术动作，可尝试通过分解法来推进练习。分解法的优势在于，可以将复杂的练习分解成一个个简单的动作，以便于学生观察和学习，使之变得更加简单，这么做将极大地提高训练效果。

（2）掌握组合技术，巩固技术动作。篮球运动是一项综合性的体育运动，由许多连贯的篮球动作组合而成。在篮球训练中，人们可以尝试将不同的动作进行组合练习，这么做不但有助于巩固技术动作的学习成果，而且还使运动的速度加快。不过在对动作进行组合时，每个动作之间的衔接一定要连贯、自然且合理，这样才能使整套动作运用起来更加科学，有效提升练习效率。

（3）掌握假动作，提高应变能力。在篮球运动中，假动作有着巨大的作用。假动作可以迷惑对方，进而为之后一系列的进攻动作创造机会。因此，篮球训练中人们也要重视对假动作的练习，但是假动作必须在学生熟练掌握基础技术之后才可进行练习，通常在教师的引导下，让学生做出假投篮、假跨步、假突破的动作。假动作一定要逼真、流畅、灵活，同时也能锻炼学生的反应能力。

3. 在攻守对抗的条件下进行练习

（1）在规定的攻守条件下进行练习。为了使篮球训练更有效率，加快训练节奏，人们可以在特定的攻守条件下进行练习。在训练之前，安排好攻守双方及各种战术，在这样的训练条件下，学生们的技能水平可以得到快速提升，同时也有利于提高学生的学习兴趣。

（2）在积极对抗条件下进行练习。经过之前各阶段的练习后，学生已经初步掌握了部分进攻和防守的技巧，教师在这个时候可以持续增加动作的难度，提升身体对抗强度，从而增加运动的负荷，让学生在真实比赛中体会比赛节奏，以更快适应比赛氛围。

（3）在消极对抗条件下进行练习。消极对抗是指当学生进行某一项训练时，通过降低对方效率，使学生更快掌握某一技巧的训练。例如，当学生练习防守时，可以稍微降低进攻方的进攻强度，或在练习进攻时，稍微降低防守方的防守效率，通过消极对抗练习学生可以更好地掌握防守和进攻的技巧。通过自身的亲自实践，他们可以有效认识到进攻或防守时的技术要点，通过重点练习，以提升篮球水平。

（二）篮球运动战术教学的步骤与方法

进行篮球运动战术教学可以帮助学生将理论知识转化为实际操作技巧，以便其更熟练地运用篮球技巧，从而适应真实比赛。在篮球战术教学中也要适当结合篮球技术的练习，只有将二者结合起来学习，篮球战术教学才能发挥最大效果。在开展篮球运动战术的教学过程中，教师通常会使用以下两个步骤与方法：

1. 建立战术概念，掌握战术方法

（1）建立完整的战术概念。完整的战术演练需要全体队员的共同参与，因此在教学之前，教师应该先对具体战术进行详细讲解，使学生充分了解战术概念。在熟悉战术概念之后，教师可以用理论结合实际的方法，让学生对该战术的组织形式和战术方法形成更加深刻的认识。

（2）掌握局部战术配合方法。全队战术是由各个局部战术组成的，队员对于局部战术的了解程度可以直接影响全队战术的发挥效果。队员对局部战术的掌握程度越高，全队战术的发挥效果就越好。因此在篮球教学中，教师要经常汇总学生的基本学习规律，把全队的战术进行合理分解，在战术整体讲解完毕后，还要将分解出来的局部战术分给各个队员，使之重点理解突破，然后慢慢增加难度，还要对重点内容进行讲解，使所有的参与人员都能及时领会战术内容，使全体队员共同进步。

（3）掌握全队战术方法。人们在掌握局部战术的基础上才可以更进一步学习全队战术方法。在这样的教学条件下，学生要以全队战术为目标，帮助学生走出消极攻守的状态，化被动为主动，从而帮助学生更快地掌握全队配搭的战术方法。

2. 提高战术运用和应变能力

战术学习时人们需要通过实际演练才能形成更深刻的学习印象，这对于提升个人战术水平及达到最终的学习成果有着极为重要的作用。因此在篮球教学中，教师应该给学生创造更多的实际演练机会。例如，在教学中可以举办一些小型比赛，鼓励学生通过比赛熟悉战术知识，将理论和实践结合以更好地掌握学到的战术。在这个过程中，教师的指导起到至关重要的作用，比

赛之前，教师要根据课程制定教学目标，使学生清楚知道具体的要求；而比赛之后，教师要引导学生及时进行总结，分析比赛过程中出现的失误和不足，从而在实际运用与不断总结中提升篮球水平。

第四节 高校篮球运动教学的发展与创新

一、高校篮球运动教学发展对策

（一）注重教学活动与实践之间的联系发展

1. 更加重视理论与实际的结合

当前，科学技术在篮球教学中的应用日益广泛，极大地促进了教学活动在篮球理念、基础理论、整体技战术、篮球训练方法和体能测试等诸多方面的革新和发展，使篮球教学稳健地朝着更科学、更先进的方向发展。在现代篮球运动稳步发展的情况下，新型理论观点被不断推出，新型竞赛制度日益完善，新型规则逐步充实与发展，最终使得篮球理论和篮球实践内容均处于逐步创新、逐步发展的状态。这不仅对提升大学生篮球运动水平有重要意义，也对高校篮球运动教学的可持续发展与逐步完善具有积极影响。

深入研究篮球教学理论的目的主要体现在两个方面：一方面，是为了对篮球教学实践展开更加科学的指导；另一方面，是为了全面总结篮球教学实践。倘若不存在理论研究，或者缺乏篮球教学实践，那么篮球教学全过程的意义都将无从谈起。因此，必须将篮球教学的理论研究和实践研究充分结合起来，进而使理论研究力度和成效得到有效强化。

2. 篮球教学活动形式的多样化

篮球运动在广大学生中的普及，与其集体协同性以及时空对抗性密不可分。当前高校校园的篮球活动也逐渐发展，成为校园体育文化中浓墨重彩的一笔，在文体娱乐、强身健体、磨炼意志品质等方面都具有重要意义。篮球活动几乎已经成为我国每一所高校必备的体育运动项目，它凭借着极强的趣味性和挑战性，成为大学生喜闻乐见的学习生活组成部分。同时，篮球运动的形式也逐渐创新，越来越丰富多样。例如在篮球运动基础上，逐渐衍生和发展起 3V3、4V4 或街头篮球等多种比赛形式，这些创意性活动也受到许多大学生的喜爱，在高校校园中取得了很好的发展效果，甚至已经成为许多高校篮球教学的重要内容。

3. 促进学校篮球俱乐部的发展

体育运动的开展应当具有灵活可变性。因为不同的学生之间具有年龄、性别、体质水平、运动基础以及兴趣爱好等多方面的差异，因而体育活动如果拘泥于单一的形式而无法灵活改变，将不能满足现实需求，因此体育教师应当积极创新运动形式，用灵活多样的方式进行教学。校园体育俱乐部这种活动形式逐渐成为校园体育课外活动的重要组织形式。体育俱乐部是根据学生的兴趣爱好以及自身特长而建立的，其组织及管理都很专业和规范，可以满足多样化的需求。通常体育俱乐部因为有经费支持、专业管理和一定导向性，以其良好的活动效果吸引了越来越多的大学生。高校可以依托校园的场地设施和师资力量，发挥自身优势建立有特色的体育俱乐部。此外需要根据学校体育工作的整体要求和规划，设计科学合理的活动内容，在俱乐部运营和人员安排上要建立专门的管理体系，在经费筹措和场地设施的配置上有高效合理的来源和运营举措。

教师在篮球教学的过程中，要将组织与管理学生课余篮球活动摆在重要位置，充分发挥篮球俱乐部的优势，弥补传统教学内容中的不足，最终促进篮球教学活动取得高效良好的发展。

（二）革新篮球教学思想

1. 培养学生终身体育意识

通过分析教学活动全过程可知，学生学习应当是能动性的学习活动，自主性、互动性、开放性是该过程的特点。高校大学生在参与篮球活动的过程中，能够认识拥有相同兴趣爱好的学生，通过与他人的接触，可以在与别人的沟通交往过程中学习其良好品质，培养挑战自我、主动学习的能力。因此，篮球运动的开展不仅对促进学生的身心发展有重要意义，也将成为学生未来在社会中应对挑战的宝贵财富。在教学过程中教师应当让学生清晰认识到这方面的作用，进而让学生把篮球运动当成终身受益运动来学习，促使学生形成正确的体育价值观，真正让学生受益终身。

终身体育包括两个方面的含义：一方面，人们通过坚持不懈的体育锻炼，实现增强体质与推动身体全面发展的目标；另一方面，终身体育的目标是通过对体育进行科学系统地整合，能对人们在各时期、各领域开展体育锻炼提供手段和机会，其中心思想是强调培养人们在一生的不同时期均能接受体育教育和进行体育锻炼，最终使体育教育真正做到完整和持续。因此，新时代的篮球教学强调，体育教师者必须以培养学生的终身体育意识为核心，这也是现代体育教学内容的要求。

2. 促进健康生活方式的培养

随着科学技术的发展，电脑和手机等智能设备的普及在给现代生活方式带来便捷的同时，也带来了许多负面影响。比如，部分大学生会玩手机或电脑到很晚，一方面，会导致在第二天上课过程中效率低下、无法精神集中，另一方面，长此以往会导致视力下降和身体健康问题。因此，保证良好的生活方式和规律的作息习惯，能够有效改善大学生的体质健康状况。

近年来，篮球运动逐渐受到大学生的欢迎，他们通过参与篮球运动而逐渐建立起健康的生活方式，这一方面是受到NBA、CBA和大学生超级联赛推广的影响，另一方面也和高校篮球运动教学的发展密切相关。教师通过传播篮球文化、营造篮球教学的融洽氛围，使学生形成规范、持续的体育锻炼习惯，不仅能够对学生的身心健康带来积极影响，还能帮助其养成文明健康的生活方式，最终促进其健康成长。

3. 利于篮球文化发展

从人类文化的角度来看，校园体育文化也属于精神文化的范畴，虽然在众多文化中只占有很小的一部分，但对于文化本身的丰富性和整体性来说，仍然是必不可少的。积极向上的校园体育文化可以带来许多有利影响，比如带动学习积极性，提高学生的综合素质，增加陶冶情操，是课余锻炼的一种很好的方式，通过参与运动，培养团队意识和竞争意识，最终促进学生全面发展。综上，应当通过高校体育教学来增加高校体育文化氛围。通过进行篮球教学的实践，学生可以亲身进行篮球活动和身体锻炼，能够让学生进一步感受、理解、认识篮球运动，对学生形成运动观与价值观发挥作用。例如，让学生感受、理解、认识顶级篮球运动员的拼搏精神、严谨作风、坚韧毅力、民族气节等，能够让学生在学习过程中自觉提升自身素养。

篮球教学其中的一个重点就是要积极发展篮球文化。作为篮球运动中的一个重要方面，篮球文化的内涵和氛围可以对大学生形成潜移默化的影响，学生可能会在参加篮球运动项目的过程中，养成许多行为习惯，因此要注重篮球文化的构建。

总体而言，篮球运动课程的重点并不是学分和成绩的要求，而是以建立学生对体育教学的正确认知为最终目标。因此，篮球教学应当以学生的主体地位为核心内容展开，教师在课堂上要积极调动学生的主动性和参与性，激发其对篮球运动的热情。同时，学生在自己积极参与课堂的过程中，要发挥竞争和协作意识，带动周围同学充分参与篮球运动。

（三）完善篮球教学的目标和功能

1. 树立正确的篮球教学目标

现阶段的篮球教学对学生素质的培养目标，不仅包括知识理论的学习，还注重专业素质和综合能力的提升，最终培养在德行品格、情感感知、价值理念和基础理论方面全面发展的人才。

在当前社会更加开放、竞争更加激烈的时代背景下，高校应当在篮球教学模式上突破传统教学模式的限制，在教学理念、教学方式、教学模式上积极创新，在传统经验基础上汲取精华，最终使篮球教学实现内容丰富、形式多样，真正地促进大学生身心健康发展。

2. 不断加强篮球运动的教育功能

篮球素养的培养是大学生篮球教学内容的重要内容。篮球素养是通过对篮球知识和基本技能的学习，建立起对篮球运动的正确价值观，并在运动过程中树立文明的待人处世方式。尤其在当前强调学生综合素质培养的要求下，篮球教学更应当注重学生篮球素养的提升，通过推动素质教育而促进学生身心的全面发展。当前，篮球运动在健身、社交、增智以及教育方面都有广泛的影响，同时也受到越来越多人的高度重视。

参加篮球训练和篮球比赛的过程，不仅可以磨炼学生的意志品格，还能培养学生的集体主义精神和团队意识，促使参与其中的大学生得到人格修炼，同时构建出人性化的篮球运动。同时我们也逐渐发现，随着科学技术的发展，知识正在爆炸式地增长和更新，因而对人们的终身教育、终身学习能力也提出了挑战。每个人都需要通过丰富知识结构和学习能力，提升自己的社会竞争力，适应时代发展趋势。总而言之，篮球教学中充分发挥其在各方面的优势和功能，对学生的素养进行全面提升。

（四）加强篮球师资队伍建设

在高校篮球运动教学活动中，教师的角色是主导者。在教学活动中，教师能够起到关键的指导作用。提升教师基本素质与专业素质、专业水平与训练水平，不仅对篮球教学质量的提升有积极影响，也能加快教师专业水平与训练水平的提升进程，有效提高篮球教学质量，培养出更多更具潜力的篮球运动人才。因此，强化教师队伍建设，是今后发展高校篮球运动教学的走向。

教师应当具备高水平的能力结构素质，换言之，就是具备高效完成篮球教学工作的能力，如教学设计、教学组织、教学内容讲解等。如果教师具备较强的教学设计能力和组织能力，那么不但能科学安排教学内容，而且也能充分激发学生参与篮球运动教学的主动性，使得篮球运动教学活动开展得更好；如果教师具备较强的表达能力，则可以利用语言来阐释各项知识与技能，提升学习效果；如果教师拥有突出的课堂组织及管理能力，可以充分协调好师生之间的互动关系，还能充分利用教学资源来优化教学活动，促进课堂科学有序地进行；教师还要具备扎实的知识储备，熟知篮球知识，在掌握该运动基础知识技能、教学基本规律的基础上，针对学生自身的身心发展规律来开展。

教师应当增加优化创新篮球教学内容的幅度，使学生在课堂上深入认识和篮球运动相关的新理念、新知识。与此同时，在教学过程中，教师要始终确立学生主体地位，使学生在教学过程中逐步养成独立精神。因此，在高校篮球运动教学过程中，教师要将创新摆在重要位置，要对学生的好奇心保持耐心，通过合理引导来启发学生，让学生各方面素质在学习过程中得到大幅度增强。发展教师的各项素质，还应当积极建设教师队伍，高度重视教师岗位制度的完善进程，使教师职责更加明确；积极建立完善监督与培训体系，逐步提升教师的各项水平。另外，也要有效调动教师以及教练员的主动性，不断改善教师和教练员的待遇水平。

（五）构建科学的篮球教学评价体系

篮球运动的发展离不开不断的评价，因而教学评价应当以促进和服务篮球教学为基本目标，将结果评价与过程评价结合统一。高校应当加强对篮球教学各项工作的反馈，并尽量做到教学评价体系的动态性和灵活性，针对评价对象的自身特点而采用对应的评价方法，最终促进篮球教学的优化进步。

当前，我国高校篮球教学的评价体系仍然存在诸多问题，且缺乏教学工作实践过程的科学性及系统性，因此优化健全篮球教学评价体系是现代篮球教学的发展要求之一。教学评价体系的构建主要内容包括：国家体育教育部门可以增设有关篮球教学评价的基金项目，促进研究项目的开展；积极增加校级别的课题立项，促进教学评价体系的研究和建设；听取教师及学生的意见，在教学实践研究的经验基础上，促进篮球教学评价体系的科学建设。

同时必须强调，篮球教学评价体系所涉及的主体不仅包括学校领导、相关专家和教师学生，同时应当考虑引入家长评价和社会评价，以此充实教学评价主体的内容，促进其多元化，建立学校管理者、教学从业者、学生和家长共同参与的交互性评价体系。

（六）完善教学管理制度，优化教学环境

1. 建立健全篮球教学管理制度

当前，推动篮球教学优化改革的重要内容之一，就是培育先进的管理理念，并健全高校篮球教学的管理制度。可以充分借鉴国际上其他国家的相关经验，取长补短，促进自身发展。美国大学生体育联合会在组织结构上及管理理念上，可以给我国的篮球教学发展带来一定启示，有助于建立起完备的篮球人才培养体系。具体包括以下三个方面：

（1）管理理念的优化。在新时代发展要求下，积极打破传统的依赖学校的教学管理模式，充分强调教师和学生的角色作用，调动其参与篮球运动的积极性。

（2）有效处理篮球训练管理与篮球教学管理之间的矛盾。利用增强高校大学生和篮球运动员间的沟通合作、统一管理等手段，促使篮球训练管理水平与篮球教学管理水平得到稳步提高。

（3）管理机制的协调灵活性。高校教学管理工作的顺利开展离不开每一个管理部门的协调合作，高校应当健全调控机制，使各部门之间在能够通力合作的同时又能做到灵活可变。

2. 增加篮球教学的资金投入

篮球运动的发展和篮球训练的进行，离不开资金支持，而当前高校面临着相关资金投入不足的现状，导致篮球科研工作和教学工作经费短缺、场地设施配置不足，在软件和硬件上都不能满足教学及训练需求，经费条件短缺已经对篮球教学活动产生了很大的消极作用。因此，必须加大篮球场地、器材建设方面的资金投入力度。要想提升普通高校篮球教学质量，一定要密切联系学校实际情况，适当加大体育经费投入力度，通过扩建运动场馆、增加体育器材两种手段来为大学生参与篮球运动教学提供良好条件，使学生自觉

加入篮球运动教学过程中，提升篮球教学总体水平。

改善篮球教学的资金投入现状，可以从三个方面进行改进：第一，改变传统的资金来源渠道，不单纯依赖于教委和体委拨款、社会个人或集体赞助、学费等手段；第二，政府要制定相应的支持政策引进投资；第三，学校积极发挥创新意识，突破传统限制，增加资金来源渠道。通过多种方式来改善篮球教学的经济条件，促进篮球在教学、科研和训练等多个方面的发展。

二、高校篮球运动教学的发展趋势

高校篮球运动及篮球教学的开展，不仅可以促进学生的身心成长，还能培养学生的创新意识和团队意识。随着社会发展和经济水平的提高，高校的篮球运动在教学趋势上也发生了一些变化，主要表现为以下四个方面：

（一）未来我国篮球运动教学呈现新特点

1. 速度与准确度相结合

篮球比赛对进攻速度和准确度的要求越来越高，这与目前篮球规则越来越限制进攻时间有重要关系；同时，战术的优化革新对篮球运动员进攻速度的要求也越来越高。在高校篮球运动中，有节奏的加快攻守转换速度十分重要，而这促使快速反击次数的增多，从而提高了快攻得分率。

目前，高校篮球比赛对抗的一个特点与趋势为：在篮球对抗中既要保持高强度和高速度，又要保证投篮命中率，尽量利用速度优势来把握比赛时间和空间上的节奏，掌握赢得胜利的主动权。同时，除了要保证速度之外，还需要尽可能地提高准确度，只有这样，才能够取得比赛的最终胜利。因此，在推动高校篮球运动发展的过程中，应当帮助学生建立正确合理的速度理解。

2. 高度与灵活度相结合

高校篮球强队除了极为重视球队成员的平均身高之外，也很重视提高高校队员的身体素质。想要让运动员的攻守都处于制空优势，就必须要有效地提高他们的制空能力，与此同时，还要强化他们的弹跳能力与力量。目前，各所高校篮球运动员教学的典范为：具有敏捷的奔跑速度、精湛的篮球技术与技巧、良好弹跳力的优质球员，并且还能够进行绝妙的表演。上述这些使得高校篮球运动更加绚丽多彩，技战术内容更加充实。

高校篮球运动不仅需要重视高度，还需要重视灵活性。随着高校篮球运动的空间争夺激烈程度越来越强，高大运动员只有做到"高中有灵，高中有巧"，才能够获得比赛的主动权，并最终取得比赛胜利。目前，高校篮球运动发展的一个重要趋势，就是高度与灵活度的有机结合。

3. 凶悍与智谋相结合

攻守对抗越来越激烈，体现在一方有勇气、有毅力、有胆识和另一方进行对抗，这也是现代篮球的一个重要特点。对抗主要体现在智力、战术、心理、身体以及技术对抗，只有在各种对抗当中取得胜利，才有可能获得比赛的最终胜利。球队想要取得对抗的胜利，必须要满足以下两个要求：

第一，对抗时运动员一定要勇敢果断。

第二，对抗时运动员一定要运用自己的智慧。

目前，很多大学生篮球运动员都意识到了拼斗能力与强悍作风的重要性，与此同时，还意识到了"智谋"的重要性。高校普遍认可的当代篮球新观念，就是有智谋的拼斗。

4. 技术全面性与特长相结合

由于现代篮球运动的对抗强度变得越来越强，因此需要运动员具备尽可能全面的技术。具体来讲，就是要求队员能快能慢、能里能外地迅速适应战术调整，与此同时，也需要球员提高各项体能素质，比如，灵活性、弹跳、力量等。

除此之外，篮球运动员不仅要做到技术上的全面，还要发展自己的特长和优势，兼具全面性和特长，才能在球场上所向披靡。很多NBA篮球运动员都是技术全面和特长有机结合的典范。

5. 常规与创新相结合

任何一项运动的发展都离不开继承和创新这两方面，篮球运动的发展自然也不例外——现代篮球运动的技战术来源就是创新。通过持续的创新使得篮球运动在面对发展瓶颈和障碍时能够取得突破性进展，保持发展活力和竞争力。将传统常规和创新相融合，可以实现篮球运动在技术和风格上的发展。因此，创新是新时代高校篮球发展的未来趋势。创新是在把握与认识篮球运动本质规律和特征的前提下，对其发展趋势的真正认识和理解。高校的篮球运动员与教练员们，应当在篮球运动的实践过程中，继承篮球运动中优秀的传统，并在此基础上不断进行创新，只有这样，才能够更加快速地发展高校篮球运动。

（二）不断深入的终身体育的教学理念

高校是连接学校和社会的桥梁，高校体育教育对学校体育和社会体育起着承上启下的作用。因此，高校体育教学应当培养学生的终身体育理念，帮助其建立健康的生活方式和体育习惯。终身体育强调的是将体育教育融入人生的每一时期，持续不断、坚持不懈的体育锻炼，能够使学生受益终身。

（三）不断深入的素质教育的教学理念

高校篮球教学还应当注重素质教育，促进学生将所学应用到实践过程中。具体而言就是在篮球比赛和实践教学过程中，既要学习实战技术，还要培养团队协作意识及反应能力、组织能力等，最终培养篮球综合素质全面的人才，在激烈的社会发展中保持竞争优势。

（四）趋于多元化的高校体育教学

在科学技术不断发展、体育改革不断深入的背景下，高校体育建立了多元化的发展目标，在强调增强体质的基础上，开始融入娱乐化和个性化的内容。同时，高校体育在教学模式和教学方法上也逐渐丰富，更注重学生的个性化需求，强调学生的主体地位，激发其参与体育活动的积极性。

第一，趣味性和挑战性较强。由于篮球运动本身具有时空对抗、集体协同等特点，致使其具有很强的趣味性与挑战性，而这也是充满朝气的大学生喜爱篮球的一个主要原因，所以篮球运动在高校中具备了进一步发展与普及的条件。另外，高校篮球运动的形式非常多样，其中，最受学生欢迎的形式有轮椅篮球、街头篮球等，而这些都成了大学生学习、生活中的重要组成部分之一。

第二，具有较强的教育功能。人文教育对现代化社会发展具有十分重要的作用，而篮球运动的多重功能（如社交、教育、宣传、健身等），也越来越被社会认同且受到高度重视。通过篮球训练和比赛，除了可以有效培养球员团结协作、齐心协力的集体主义精神之外，还能够有效地培养与建立他们顽强的意志品质。

篮球运动不仅具有竞技功能，还具有塑造篮球运动员人格的功能。在竞争激烈的大学学习环境中经常参加篮球运动，一方面，能够使学生在生活与学习中面临的各种压力得以缓解；另一方面，还能够锻炼他们的意志、陶冶他们的情操，增强他们的荣誉感、使命感。

三、新时期高校篮球教学的创新

篮球运动的发展过程,实际上就是一个不断创新和继承的过程。现代篮球运动技战术的灵魂就是创新,只有持续不断的创新,才能够使其保持活力,才能够有效突破篮球发展的障碍,才能够使高校篮球运动不断向前发展。在常规与创新相结合之后,会产生多种不同的风格与打法,由此能够看出,高校篮球发展的一个突出趋势与特点,就是创新。[1]

现阶段,高校体育教学正在创新与改革,目的是全面推广素质教育理念,促进大学生实现全面发展,使其拥有强健体魄和健全人格,进而成长为符合时代发展的优秀人才。篮球课程教学对学生的成长成才有着引导作用,有助于学生形成健全人格和坚韧的品质,教师在篮球课程教学过程中做到以学生为中心,能够有效提升篮球教学的实效性,对于发扬体育精神起到重要的指导意义。

(一)高校体育篮球教学改革创新应遵循的原则

1. 树立以学生为中心的教学理念

为了使高校篮球教学改革事业合理发展,教师就必须转变教学观念,秉持以学生为中心的教学理念,对传统的教学方法进行大胆创新。突出教学活动中学生的主体地位,重视不同学生间的差异性和学习需求,进行个性化教学。同时,教师在教学中要充分考虑学生的身体素质差异和身心特征。教师要根据学生对篮球教学的不同需求,选用不同的训练方式进行针对性练习,如进行小组合作学习或者分层次教学,进而激发学生的训练兴趣,增加篮球教学的趣味性、直观性,满足学生的个性化需求,促进学生身心健康发展。在教学过程中重视理论知识与实践的结合,不断优化高校篮球教学体系,从而使高校篮球理论与技术教学更为合理。

2. 注重学生篮球意识的培养

为了有效提升学生学习篮球的积极性,培养学生的学习兴趣,教师必须始终将以学生为中心作为核心点来布置各类培养篮球意识的教学活动。一方面,教师要向学生灌输终身锻炼的意识,引起学生对体育锻炼的足够重视,从而引导学生积极地参与体育锻炼,并通过篮球训练体现健身的好处;另一

---

[1] 张伟,肖丰. 高校篮球运动教学理论与方法研究[M]. 北京:新华出版社,2019:10.

方面，教师可以在教学过程中适当加入篮球文化的学习，以提高学生的学习兴趣。文化熏陶有利于学生养成吃苦耐劳、团队配合的体育精神，树立积极的体育意识。同时，教师也要注重教学内容的娱乐性与趣味性，这样可以使课堂更加生动有趣，在趣味学习中提升学生的篮球水平，达到健身的目的。

（二）高校篮球教学改革创新的具体策略

1. 明确篮球课程的教学目标

在以学生为中心的先进教学理念的指导下，要想进一步提升教学质量，还需要高校教师对理念中所包含的核心内容进行深入了解，并且针对学生的不同需求和学习水平制定符合实际需要且多元化的教学目标，从而为精心设计篮球课程教学做好充足准备。教学目标可以分为以下四部分：

（1）认知目标。高校应该加大对篮球运动的宣传力度，在学生群体中普及篮球运动的优点，帮助学生了解篮球的特点、规则、文化等，从而吸引更多的学生从事篮球锻炼。

（2）情感目标。篮球教学可以帮助学生养成自主学习的能力，培养学生良好的心理素质、气质，使学生形成坚韧、果敢的品质，从而提升学生的团队精神和荣誉感。

（3）技能目标。篮球教学可以提高学生的篮球技术水平，帮助学生掌握充足的理论知识和实际比赛战术。

（4）体质目标。篮球锻炼不仅可以使学生拥有良好的身体素质，还可以进一步扩展学生的思维，提升学生的道德素养。

2. 转变教师的教学理念

教师要转变教学理念，在教学中以学生为中心，实现从教师的"教"向以学生的"学"为中心的转变。转变教学理念有利于学生提高学习效率。同时，高校要将新的教学理念融入实际工作中。例如，把以学生为中心的教育理念融入学术研究中，对教学模式进行大胆创新，大力培养研究型、应用型、创新型人才；使篮球文化在课堂教学中得以彰显，带领学生多观看相关比赛，以使学生真实感受到篮球文化的底蕴和内涵，从而全面提升学生的综合素质。

3. 积极创新篮球教学方法

如今，部分高校篮球教学存在着单调枯燥、无法吸引学生学习兴趣的问题，同时训练强度大，重复训练内容较多，学生的身体素质无法适应高强度的教学。这些问题使高校篮球教学和学生需求无法融合，导致训练效率低下。因此，高校需要及时改变教学方法，注重教学效率。

在教学过程中教师应该围绕以学生为中心的教学理念采用更加灵活的教学模式和方法来授课，积极探索创新式的教学方法，从而有效地提高教学效率。

（1）教师应在教学中加强教学的趣味性，注重师生之间的互动。比如，教师可以在课堂中设置跑动传球小游戏，激发学生的兴趣，活跃课堂氛围，开展快乐篮球教学。

（2）教师可以在教学中利用多媒体技术，通过视频、动画的形式更生动地传授篮球知识，提升学生的学习热情。

（3）教师在讲解篮球技术动作的关键时，可以利用多媒体课件进行直观展示，出现复杂动作时可以暂停、慢放或重复观看，以强化学生对知识的记忆，提升学生的学习效果。

（4）在教学过程中，教师既要针对学生进行个性化教学，也要注重学生之间的团队训练，以加强学生的团队意识和合作精神。

4. 完善篮球课程教学评价

教学评价的重心不是对学生的学习成果进行打分，而在于要通过教学评价认识教学中存在的问题，为教学评价提供理论依据。教师应该转变评价思维，学生的学习成果不在于取得了多高的成绩，而在于对篮球知识的运用和动作的掌握程度以及实际比赛能力。综上所述，教学评价标准应该做出改变。

（1）完善评价原则，教师应根据学生在实际篮球训练中的表现随时进行评价，并引导学生进行自评和互评。

（2）完善评价方法，可采用范例展示、量规、学习契约的方式。

（3）完善评价内容，既要评价学生对基本动作和战术的掌握情况，又要将会打球、会做人等内容融入评价内容中，完善传接球、脚步动作等环节。

合理且完善的评价机制，更能突出以学生为主体的教学重心，落实教学中学生的主体地位，进而提升篮球育人的效果。

5. 培养学生养成良好的体育运动习惯

篮球教学的目的在于通过锻炼提升学生的身体素质，培养学生养成热爱运动的好习惯，并树立终身运动的意识。因此，教师有必要让篮球运动真正走进学生的生活，促使其养成良好的体育运动习惯，进而不断提升学生的身体素质。例如，教师可以利用互联网技术搭建学习平台，上传学习资料，分享篮球知识，打破时间和空间的限制，充分调动学生的积极性，鼓励学生养成自主学习的习惯；教师还可以利用学习平台监督学生，督促其认真学习，提高学习效率。通过长期的坚持，学生可以逐渐养成进行篮球锻炼的习惯，并在生活中参与篮球活动，树立终身体育的意识。

6. 尊重学生的个体差异，促进其全面发展

学生在各方面都存在着差异性，素质教育也鼓励学生个性化发展。因此，教师应该以素质教育为主，根据学生之间的差异性因材施教，为不同的学生设置不同的教学任务，以满足所有学生的学习需求。教师可以根据学生的情况进行分层教学，让每一个学生都能得到充足的学习机会，发挥各自的优势。对于基础较差的学生来说，教师可以更多地进行基础知识和动作的教学，降低教学难度，并对学生进行鼓励，激发其自信心和学习热情。对于已经掌握了初步篮球技巧的学生，教师应该为他们制定更高的教学标准。除了考虑身体素质和实际情况的差异外，教师还要关注学生性别的不同，对不同性别的学生安排相对应的教学任务。

总而言之，高校篮球教学作为高校体育教学中的重要部分，以学生为中心的教育理念对于提升高校篮球教学质量具有重要意义。以学生为中心的教育理念可以为学生创造更宽广的学习空间，充分考虑学生诉求，既可以有效提升其身体素质，又能够锻炼学生的综合能力，从而实现各方面的全面发展。因此，教师必须认识到以学生为中心的重要性，转变教学思路，以满足学生需求为前提设计教学内容，进行教学创新，完善教学评价，逐步培养学生热爱体育运动的习惯，确保学生全面健康成长。

第三章 现代高校篮球运动的教学模式探索

第一节 高校篮球运动的探究式教学模式

一、探究式教学模式的认知

（一）探究式教学模式的概念界定

探究式教学模式指的是学生在对某一概念与原理进行学习的过程中，教师只是为其学习过程提供一定的问题和相关资料等，以使学生自己通过阅读、观察、实验、思考、讨论以及听讲等多样化途径进行独立研究与探索，以对这一概念和原理进行学习与掌握的教学法。探究式教学强调教师只发挥自身的主导作用，充分尊重学生的主体性，引导学生进行自觉主动地探索与研究，使学生对问题的解决方法与解决步骤等进行充分认识与掌握，对客观事物的属性、发展起因、内部联系等方面进行发现与认识，进而形成自己的概念。由此可见，探究式教学模式能够充分体现学生的主体地位，同时还有利于学生自主学习能力等的发展。

（二）探究式教学模式的基本类型

（1）根据探究的过程进行分类。若是根据探究的过程进行分类，那么探究式教学模式可分为完整探究与部分探究两种类型。在教学之初，由于教学设备、教学时间以及学生自身知识水平不够完善等因素的作用，导致教师在课堂之中只能对部分难度较小的内容进行探索。但是伴随着学生自身知识水平及知识结构的不断提升与完善，教师教学探究的范围逐渐拓展、深度逐渐加深，从而逐渐实现完整探究。

（2）根据自主获取信息的方式进行分类。若是根据自主获取信息的方式进行分类，那么探究式教学模式可分为接受式探究与发现式探究两种。信息在接受式的探究学习过程中，要么是由学生积极主动地从现有资料中或者是通过互联网直接获取，要么是由学生从经验丰富的人那里询问相关信息，对于这些方式所获得的信息，学生仅仅只需要将其稍微进行整理便可。而发现式探究过程之中是没有现成的信息来让学生直接进行获取的，要想获得信息，学生必须要经过一系列的活动来发现信息，最后将所发现的相关信息进行整理与总结才能够获取最终的信息。

（3）根据探究活动的场地进行分类。若根据探究活动的场地进行分类，那么探究式教学模式可分为课内探究与课外探究两种类型。教师在安排篮球教学时可以先从课内教学入手，这样有利于帮助教师达成最初所制定教学目标，完成教学任务。但事实却是很多的探究性活动仅仅依靠课内教学来进行，这样不但会使教学时间出现不充裕的现象，还会使教学空间及内容也出现不充裕的现象。对于这类探究活动，教师一定要灵活地借助于自然及社会的力量来对课内探究的不足之处进行补全，从而有效地推动学生的学习探究活动。

二、高校篮球运动探究式教学模式的原则

随着教学的不断发展，人们已总结出很多教学原则，但是从总体上来看，人们所总结出的教学原则基本上只是适合运用于传统课堂教学中，即将教师作为中心的知识技能传授，将学生作为中心的知识技能获得的课堂，这意味着许多现有的教学原则实际上是不适用于现代教学课程的。现代教学的核心目标在于培养适应新时代发展的人才。此处所讨论的探究式学法，其核心目标则是借助于"探究—创新"的教学核心来培养具备创新能力的优秀人才。但是，由于传统的教学原则难以满足于探究式学法的需要，篮球运动探究式学法构建出适合自己的教学原则已迫在眉睫。

（一）坚持民主性原则

人们在进行创新性活动的过程中，需要依赖于逻辑性思维，逻辑性思维指的是人们从一定的条件出发，遵循思维的发展规则，以此来推导出问题的结论。然而，在进行活动的关键时刻，通常都是非逻辑性思维起到决定性作用，这种思维方式其实是一种违背了"常规"的思维方法，具有突发性与跳跃性特征，并非具有严密性以及逻辑性的直线型思维方式。譬如，思维的非逻辑性主要表现在思考问题的时候，在非常短的时间内产生与其他事物的联系与

顿悟等；思维的求异性则主要表现在标新立异、不落俗套方面，能够提出一些与他人思想不同的方案以及想法等；思维的发散性则主要表现为从各个角度来思考问题，提出多种解决问题的方法等。

基于此，要想充分地培养学生的非逻辑性思维、求异性思维以及发散性思维，便需要营造出一定的思维环境，即具有民主性的教育环境。只有教师与学生都处于民主性的教育环境之中，二者之间才能够形成一种平等的关系，这样学生才敢发言、讨论、质疑，进而在交流中积极地拓展自己的思维，实现不断进步。

（二）坚持主体性原则

坚持主体性原则，就是说教师在教学过程中要充分考虑到主体的品质以及能力等各方面情况。作为学校教育的主体，学生的主体性主要体现在主动性、独立性以及创造性这三个方面上。其中，主动性是保证学生主体性得以不断发展的基础，独立性是学生主体性的核心内容，创造性是学生主体性发展的最高形式，在整个教学过程中，这三者所体现的便是学生的主体性。

基于此，探究式教学模式的核心目标便是培养学生的主动性、独立性以及创造性。同时，主体性原则所展现的是以人为本的教育思想。要想建立以人为本的探究性教学原则：首先，应充分地认识到学生是否具备主动性、独立性以及创造性，只有这样才能清楚地对教育中主体与客体之间的关系进行处理，以此来促进学生主体性的发展；其次，要做到在设计教学的过程中以学生为核心，设计出符合学生身心发展特点的教育，改变传统教育中以教育客体为核心的局势，令其逐渐向教育的主体——学生转移。

探究式学法作为一个以人为本、发展学生主体性的教学方法，其着重强调教师对学生所开展的教学要从最初的"由教师对学生进行知识灌输的单向互动"转变成为"教师与学生之间的双向互动"；教师对学生所开展的教育行为从最初的"带着知识走向学生"转变成为"带领学生向知识前进"；学生的学习行为则从最初的"带着教材进入课堂"转变成为"带着问题走向教师"。

（三）坚持尝试性原则

人的创造性活动主要包括发现问题、形成问题、解决问题这三个基本阶段。其中，发现问题阶段是形成问题阶段、解决问题阶段的前提条件。

刚开始，人们出于好奇，渐渐产生了发现问题的意识。由此可见，如果想要强化学生发现问题的意识,那么首先要做到的便是培养学生的好奇心。强烈的好奇心能够增强人们对于外部信息的敏感程度。当外部产生了全新的变化时,能够及时地做出反应,发现其中的问题,并对其进行追根溯源,激发人的思考欲望。而教师充分激发学生好奇心的关键点便是在教学的过程中避免过于束缚学生,将学生的思想进行解放。

问题解决策略主要包括发现问题、提出问题、讨论问题、分析问题、解决问题等。对此,教师在讲授篮球技术时,一定要善于分析教学内容的独特之处,并据此来设置问题情境,以此来为引导学生自主思考、自主解决问题营造一个良好的环境,促使学生不断地进行尝试、不断地进行创新。这便是探究式教学模式中所具有的尝试性原则。

(四)坚持差异性原则

不同的学生在个性特征方面具有较大的差异性,这也是其差异性的一个具体体现方式。教师在开展教学活动的过程中,要充分认识每个学生在个性方面的差异性。众所周知,创新的本质在于标新立异,它需要将充分体现每个人的独特个性。但是,还有部分教师将学生按照性格来划分"好与坏",认为那些听话、成绩好便是"好学生",那些不好好学习、性格张扬、不听话的则是"坏学生"。但是,往往最具有创新性的学生,他所展现给他人的通常都是十分独特的一面,他们的思维方式正是设计创造性活动中所必备的非逻辑性思维、求异性思维以及发散性思维。因此,教师在教学的过程中要充分地尊重学生个性,能够分析、理解、包容和接受那些看上去特立独行的学生。

在篮球教学过程中,教师需要充分尊重不同学生的个体差异性,坚持因材施教的原则,这一原则实际上就是教师在安排教学计划时一定要坚持差异性原则。该原则指的是教师在安排教学时一定要根据学生的发展特点来选择合适的教育内容以及教学方法。

三、高校篮球运动探究式教学模式的实施

(一)篮球运动探究式教学模式的实践结构流程

探究式教学模式成为继经验自由主义者杜威之后的研究热点,许多教育领域的专家都研究这一课题,其中也包括了探究法设计模式的研究。就目前来看,在实践中,探究式学习设计模式已经先后出现了思维五步法、5E教学

模式、萨其曼的探究训练模式、施瓦布的科学探究模式等影响广泛的模式。

杜威将思维活动一共划分成五步：疑难情境、问题识别、大胆假设、严谨推理、细心求证，即思维五步法。这同时也是人们开展科学发展以及认识活动的基本步骤，其为探究教学模式的成熟和发展提供了极其关键的理论基础。在此后的很长时间内，许多学者在对探究式学习法进行定义的时候虽然用了各种各样的方式来对其进行描述，但其核心和宗旨始终都没有脱离杜威当年对思维五步法的描述。直至现在，人们在对探究式学习法进行探讨时，其思想和研究的源头依然还是来自杜威的思维五步法。

5E教学模式是一种建构主义教学模式，分为参与、探究、解释、迁移、评价五个部分。

萨其曼的探究训练模式分为五步：展示问题、假设和搜集材料、提出新的假设、得出结论、对探究模式和探究类型进行分析。

施瓦布的科学探究模式分为四步：确定研究对象和方法重点、学生构建问题、推测问题症结、解决问题。

上述探究模式之间无论是在思想内涵、教学思路还是教学模式上，都具有共同之处，而区分他们的关键在于设计重点的辨别。但不管是哪一种模式，都可以从不同的角度来指导和帮助教师更好地在教学实践中完成科目教学流程的设计。

在教育思想不断发展和更新的今天，各模式在现实的应用中也会出现各种漏洞。例如，杜威的思维五步法就是将人的思维角度作为唯一出发点，并没有真正意识到师生合作对于整个教学活动的重要性，只是过于突出强调事物的意义最初来源于个人建构以及建立相对性，对于规律的理解只是停留在表层，没有把现象的本质性、普遍性与一般性真正体现出来。对于现代教育来说，对学习的诊断了解以及反思应当被置于非常重要的位置，而且这种诊断、评价和修正应当贯穿于学习和探究的整个过程，这是每一个教育工作者都应当重视的问题。

在探究式学习教学过程中，教师需要对学生已有的知识、经验提前做一个调查和了解，这是学生探究新知识的经验基础，同时也是教师设置情境的依据和探究问题的起点和背景，从实际情况出发，才能将探究式学习的功效最大化地呈现出来。为了使探究式学习的过程更为顺畅和深入，对于某些知识的普及和教学，必要时教师可运用接受式学习这一方式将知识传授给学生，来为后期探究式学习提供学习经验。在开展探究式学习的实际过程中，具体可以依照以下的流程：教师要设置一个可以激发学生认知需要的问题，接下来是学生自主探究的过程。在这个过程中他们的行为的构建都是由学生的意识中要去解决这个问题和探索这个新的认知来驱动的。学习不再是传输过程，知识构建是构建主体围绕着自身的需要实现而自主完成的，而不是通过接受和意义解读完成的。在探究学习中，学习是作为需要意志的、有自主意图的、自觉自主建构的积极实践而出现的。

学习不是一个平坦的、简单的直线式过程，而是一个迂回和曲折的过程，学生在对某个问题进行研究时，可能会发生前功尽弃、推翻从前结论从头再来的情况。从学习的总的方向来看，学习过程实际上是在不断地轮回，每通过一个轮回，学生的认知水平都将被提高。由于学科的特殊性，教师在探究式学习的教学实践中还要考虑学科的性质、特点，避免不经思考地直接套用其他学科探究式学习的流程，而是要充分考虑本学科的性质和特点以及学生的知识基础、学习状况等方面的实际情况，来制定本学科学生的探究式学习流程，以期培养和提升学生思维能力、自主学习能力、开拓创新能力。

基于高校篮球教学课堂，通过采纳关于探究式教学的指导思想以及教学模式，设计出如下流程：

1. 传授篮球运动知识

不是所有的知识都适合用探究式教学模式来启发学生对知识的理解和认知，有些基础性的、理论性的知识没有必要花费时间和精力去对其进行探究，通过直接教授的方法就可以了。比如，在讲授篮球运动起源以及发展的相关知识时，教师可运用讲授或引导学生自主搜集相关的知识，然后对知识要点进行统一讲解就可以了。再比如，在传球、投篮的学习中，传球、投篮的基本姿势、手型及移动步法等基础知识仅仅是为以后对更深层次的问题进行探究的储备知识，同样也可以采用多样化的直接教授法直接传授给学生，以节约时间，提高学习效率。

2. 创设篮球教学情境

在进行"探究式教学模式"的教学过程中，教师要充分利用情境创设，不断激发学生对知识点的探究欲望和兴趣。例如，教师可以通过提问 NBA 篮球巨星科比在行进间左手运球的过程中，会使用怎样的篮球技术，这样的名人效应引发学生的思考和兴趣，让学生们通过分组讨论的形式进行充分的思考和探究。在探究式学习教学过程中，教师创设具体的情境、设计教学任务和课程目标时，必须根据学生的篮球基础等实际情况（主要包括有学生的身体素质基础、有没有接触过篮球运动、在篮球方面受过什么程度的教育等），又因为每个班级内学生对于篮球知识点和技能的掌握情况存在差别，所以教师要充分考虑到学生的心理需求和课程内容难易程度的设置。教师可以采用"分层教学模式"和"探究式教学模式"相结合的教学模式，加强教师在中等职业学校体育篮球课程中的教学目的和教学质量。教师将学生引入具体的教学氛围时，将本节课需要探究的问题以及教学重难点问题自然地传递给学生。然后，学生带着问题去学习，以随时引发学生的思索，并且可以相互之间进行讨论，在情境练习和相互沟通中逐渐掌握篮球运动的各项技能。

3. 学生参与教学实践

学生在由教师所创设的探究式教学课堂之中，对教师所提出的问题进行学习探究的同时对问题进行解决。正如体育学科本身与其他科目相比属于一个较为特殊的科目，其特殊之处在于，该科目需要在学习的过程中将人的身体感知传向大脑，并对其做出的反应进行分析和转化，以此来进一步地提升对于所学动作的熟练度。因此，学生在教学情境下对教师所提出的问题进行探究与练习的过程中，十分容易产生额外的问题，如同学之间进行练习的时候能够清楚地指出对方在练习过程中所存在的问题，如对方在进行传、接球的过程中虽然速度比较快，但是持球动作不正确、球容易掉落等，在运球的过程中，虽然速度也比较快，但是球容易脱离掌控等。对于这类问题教师可以将其与自己最初所提出的问题放到一起来分析和解决，找出他们之间的联系并对解决方案进行优化；也可以让学生自己解决问题，然后在总结和讨论的阶段，由他们把自己的案例和大家一起分享并讨论。

4. 自主、交流与合作

当教师将所有的问题都展现给学生后，学生便可以通过自己对问题的体会来寻找最佳的解决方案，主要步骤为：倘若没有办法自己进行问题解决，那么便可选择在学习小组内部进行探究，依靠小组的力量进行问题的解决；若小组内部的力量无法解决问题，那么可选择在小组间进行讨论；如果问题在小组间依然得不到解决，可以要求教师一起参与探讨。对于篮球这样的集体球类运动，学生在探究式学习和练习中除了自主探究，更重要的就是小组探究、小组间的探究以及师生的合作探究，这充分体现了球类运动中相互合作的重要性。因此，教师在进行探究性教学的运用时，要注重实际情况，对探究模式进行合理的使用，从而实现一个理想的教学成果。

5. 学习探究解决问题

要解决在体育技能学习中出现的问题，就要找到其根源所在，一般的解决方法是从动作技术的准确性、动作技术的灵活性来展开。学生根据教师所提出的问题以及自身在学习过程中发现的实际问题为基础，开展学习探究，寻找问题的真正答案，当知晓问题出现在哪个环节之后，再进行解决问题的方案策划。方案的具体实施实际上就是学生自己的实践练习环节，借助实践练习对方案的有效性进行检验，不断地寻找更加合适的解决途径，最终圆满地解决问题。

6. 教师诊断与评价

学习中的诊断与评价是为了能帮助学生及时发现和纠正错误的动作，提高学习的效率。在探究式学习教学中有自评也有他评，例如有的学生在进行传球的时候总是向一个方向偏，当学生自己发现这一问题之后便会在内心中对自己进行评价，这就是自评；当同伴指出问题时，这便是他评。因此，在进行篮球教学的过程之中，每当进行一个问题的探究或者多个问题的探究时，教师都要注意对学生的结论进行诊断、评价。同时，教师也要善于发现学生所发现不了的问题，并及时对学生进行问题的指导，以免学生走弯路，从而更好地完成教学任务。另外，为了及时了解学生对篮球知识和动作技能掌握的情况，教师还要定期进行过程性评价，或者固定每隔几个课时就随堂测试一下，以便及时对教学的方式方法做出相应的调整和优化。

7. 教师反思与总结

在每一次课或某一阶段的学习结束之前，教师要组织学生一起对探究的过程和探究的结果进行总结。对于已解决的问题要给予充分的肯定，分析解决的主要路径并总结经验，将其作为下一轮探究的经验基础；对于那些尚未被发现或未被解决的问题，教师一定要及时给予规范，或者可以将问题指明，引导学生在课后通过查阅相关资料的方式来解决问题，待下次课做进一步的探讨，以培养学生自主学习、探索的能力。

（二）探究式教学模式在篮球掩护配合中的应用

不管是哪一种知识、哪一种技能，都有着自己的结构体系以及掌握规律，探究式学习倡导顺应知识与技能结构的发展规律，并在自己已经获得知识以及经验的基础上，逐渐深入探究新的问题，在新知识已经内化成为学生自己的知识以及经验时，教师就要组织新的探究学习内容。教师的指导以及策划是学生的行动指南，教师可以针对学生某一时间内知识以及技能学习进行科学的设计与规划，这除了能够保证学生有足够的探究时间之外，还能够保证自己学习与掌握新知识的效率。因此，针对某一学习时间范围内教学流程的设计是学生可以深入探究学习的一个十分重要的条件。

1. 具备自觉主导运用的意识

在篮球掩护配合教学中，教师自身应该要实现教学理念的更新，关于探究式教学模式的运用方面，要具备自觉主导运用的意识。具体而言，教师应该结合教学目标与学生发展需要，提出与篮球掩护配合相关的问题，如当掩护机会被破坏之后应该如何做、掩护配合时需要注意哪些问题、一次成功的掩护配合需要具备哪些因素、应该如何把握个人掩护动作的时机、正确的脚步动作是怎样的、手的摆放姿势如何等，并引导、启发学生对这一问题进行思考与探索，以激发学生进行主动学习与探索的欲望，使其能够充满热情地、积极主动地在实践活动中学习知识、运用知识、思考问题以及解决问题。在篮球掩护配合的探究式教学中，教师应该先让学生进行自主练习，然后教师为其进行实时引导，而学生在进行探索实践的过程中，会发现问题、提出问题，并将自己所学理论知识与实践技能运用于各种问题的解决中。通过探究式教学的运用，能够有效增进学生之间的交流、互动与协作，学生的资料收集能力、问题分析能力、问题解决能力、人际交往能力以及自主学习能力等都会得到有效提升。

2. 明理强化，适时点拨

（1）明确学习目标，强化基础知识的把握。在篮球运动的掩护配合教学中，通过对探究式教学模式的运用，学生会更加清晰明确地了解并充分把握作为被掩护者所具备的四种机会以及作为掩护者的机会变化，同时也基本上能够根据防守者的具体情况采取相应的应对措施。在具体的练习过程中不可避免地会出现各种疑难与问题，各种掩护配合可能会出现失败的情况。在一次掩护配合中，如果机会被防守破解了，就会促使学生进行思考与探寻，寻找更多的机会与解决办法，同时也会促使学生进一步提升自身的训练要求与基本技术。例如，学生会思考掩护配合时的站位应该要遵循圆柱体原则，手的姿势及其摆放位置要合理，移动中行进路线要符合要求，作为被掩护者应该遵循什么样的原则，等等。

在解决一系列问题的过程中，教师应该充分了解学生对篮球运动知识及其技能的理解程度，并且还应该了解学生在进行探索学习的过程中是否通过与其他同学的交流来发现问题、分析问题与解决问题。通过对学生基础知识与技能的巩固，来不断促进学生的机会把握能力以及掩护配合成功率的提升。

（2）加强合作学习，探究解决问题的方法。篮球运动的基础配合至少需要两个人才能实现，除了需要各个成员能够熟练掌握相关的技术之外，还需要各个成员之间具备团结合作的精神。在掩护配合的探究式教学模式中，学生针对各种问题进行沟通与交流，共同探索问题的解决办法，如被掩护者通常会在什么情况下出现机会、掩护者与被掩护者应该怎么做才能实现有效配合等。

在进行掩护配合练习的过程中，学生会不断地提出自身的意见与建议，进行不断交流与互动。如有的学生会向对方提出自身关于移动路线的想法，也会针对掩护站位的时机进行讨论等。当然，学生在讨论的过程中，不可避免地会存在各种难以达成统一的认识以及各种问题，这就需要教师对这些认识与问题进行充分了解、适当调整以及正确引导。在采用探究式教学模式的过程中，教师应该充分重视学生创新意识、探究意识、知识运用能力以及问题解决能力的培养。同时还应该充分调动学生参加讨论的积极性，及时发现学生的优点，给予适当的鼓励，激发其表现欲。

（3）教师适时点拨，引导探究的方向。在探究式教学模式中，学生是问题的探究者，教师主要发挥的是主导作用。因此，在篮球掩护配合的探究式教学中，教师应该引导学生进行探究，积极发现问题并寻找问题的解决方法，在此过程中，教师还应该要充分发挥学生的主体作用与创造性思维，为学生的探究提供自由宽广的空间，但并不是说没有任何限制与约束，也不是说容许学生为所欲为，而是说教师应该合理把握自己介入的时机，要会审时度势，找准时机进行适度引导，充分结合教学内容培养学生的创造性思维。例如，如果掩护者的站位与时机都不合理，而防守又对被掩护者紧追不放，或者当防守者能够对进攻者的意图进行预知而提前抢位时，教师就应该进行适当介入，正确处理自身的引导与学生的探究之间的关系。当学生学习重难点知识或者在学习过程中遇到难以解决的问题时，教师可以给予适当的点拨，也可以在规则允许下为学生提供具有启发性的提示，使学生能够顺利完成探究活动。随着掩护配合中探究式教学的不断深入，学生渐渐能够更加清晰地了解到掩护配合中所出现的各种机会,并能够通过不断实践能够熟练把握并灵活运用各种机会。

3. 重视积累,培养学生的自学能力

在篮球掩护配合的探究式教学中,教师应该充分利用互联网技术,注重学生自学、自练能力以及综合整理能力的提升。在此过程中,教师应该遵循因材施教的原则,根据不同学生的篮球运动基础、自学能力等方面的差异性,合理布置课前作业与课后作业,使学生能够养成主动学习理论知识、勤于参加实践锻炼的良好习惯。一方面,教师应该鼓励学生主动发现篮球教学中可以进行延伸与拓展、并能够升华与突出主题的地方,并鼓励学生积极表达自身的想法与感悟,使学生在完成作业的过程中能够做到有话可写;另一方面,教师还应该鼓励学生利用课余时间积极主动地到篮球场参加实践锻炼。例如,可以组织学生参加半场三对三或者四对四的比赛活动,通过对一系列比赛活动的开展,不仅能够促进学生掩护配合水平的提升,同时也能强化学生对篮球运动掩护配合相关理论的掌握。学生通过对篮球掩护配合相关理论知识与实践操作的自主学习与练习,既能够夯实其专业理论基础,又能促进其专业素养的提升,同时还有利于提升其将所学理论知识运用于实践中的能力,增加其对学习内容进行探索的积极性与主动性,以为篮球掩护配合相关知识与技能的高效学习提供足够的保障。知识与能力的获得并不是依靠教师的强制性灌输与培养,而是需要在教师的指导下,由学生进行主动探索、思考与亲自体验与实践而来的,这也与学生的能力发展需要相符合。

第二节 高校篮球运动的分层次教学模式

一、分层教学模式的认知

随着篮球技术的不断发展,传统的篮球教学方式已经难以满足现代学生的实际需求,在篮球训练中也逐渐突显出了越来越多的问题。对此,教师必须要予以高度重视,结合实际情况采取有针对性的教学方法和改进措施,积极创造全新的学校篮球教学方式以及训练体系,这样才能更好地促进学生的身心健康发展。

分层教学是指由于不同学生在身体素质、个性特征、运动技能等方面具

有一定差异，教师将体育教学划分成不同难度等级，并据此制定出与之相符合的教学目标、评价标准的一种教学模式。在这种模式的作用下，体育教师会挑选出适合学生的教学方法，创造出适宜学生的教学环境，来为学生搭建一个能够释放个性、发展提升、收获成就、体会快乐的平台，通过各种方法最终达成不同学生实现共同发展这一目标。

不同于其他类型的教学模式，分层教学模式更加具有针对性，它着眼于不同人群的不同需求，真正做到了不拘一格、因材施教，最大限度地激发起学生学习和参与体育运动的兴趣和热情。从操作角度来表述，分层教学是以班级教学、小群体教学、个别教学为主线，配合分层练习、分层要求、分层推进和分类指导、分类推进的教学组织模式。

篮球分层教学模式是指教师在篮球教学中，根据不同学生在篮球兴趣、篮球技能水平、个性特征等方面的差异性进行针对性教学的方法。在篮球教学中，由于不同的学生在个性特征、身心素质、能力水平等方面存在很大的不同，因此，教师应该充分考虑这一情况，遵循因材施教的原则，对不同的学生采用不同的教学方法，以保证不同能力水平的学生都能够有效掌握篮球运动知识与技能，最终实现篮球教学效率的提升。在篮球教学中采用分层教学的过程中，还应该对学生进行分层次评价，要根据学生的层次水平设置相适宜的考核难度，分清楚主次关系与逻辑关系，充分发挥分层次教学法的作用，有效提升篮球课程教学水平。

（一）分层教学模式的理论依据

1. 心理学理论

心理差异是指个体在心理方面所存在的差异性，也就是一个人在其先天因素影响的基础上，通过后天的实践经验逐渐形成的不同于他人的、相对稳定的个性心理特点。从某种角度上讲，个体的心理差异也是其区别于其他个体的独特之处。造成个体存在心理差异的因素是多方面的，主要包括智力水平、性别、人格、能力水平、认知风格、知识水平等，可能是这些因素中的某一个因素作用的结果，也可能是多个因素共同作用的结果。分层教学是以学生为对象的教学活动方式，其心理学依据遵循学生个体的心理差异。学生的个性差异造就了学生的独特性，这是由多个因素共同作用所产生的，主要包括先天遗传因素、后天家庭因素、社会因素以及环境因素。不同的因素在学生形成个性差异过程中发挥着不同的作用，因此教师在开展篮球教学的过程中,一定要注意具体问题具体分析,以便于对学生因材施教。

2. 多元智能理论

加德纳的多元智能理论也是为分层教学提供支撑的一个重要理论。加德纳认为,每个人都具备语言智能、空间智能、音乐智能、运动智能、人际关系智能、自我认知智能以及逻辑—数学智能这七种智能。这些智能相对独立且有其独特的表现形式和优势。也就是说,在开展篮球教学的过程中,教师应该对每个学生所具备的各项智能优势进行观察与分析,以便于更好地进行因材施教,充分发挥学生的各自优势,最大限度地激发学生的潜能。

3. 学生主体理论

学生的学习活动实际上是主体的认知活动与非认知活动的统一过程,是主体主动吸收知识的过程,而不是一个被动接收知识的过程。因此,教师要想有效增强学生的学习效果,就应该对影响学生学习效果的重要因素进行充分明确,也就是说要充分认识到学生是学习活动的主体,要充分尊重学生的主体地位。

教育最基本与最根本的功能就在于培养人才,而现代社会中,要想实现人才的全面发展,其核心就是要实现其主体性发展。也就是说,要增强学生的主体意识,培养学生的主体能力,使学生由"自在"主体转变为"自为"主体,将学生培养成具有创造性、能动性的创新型人才。作为教育中的一个重要组成部分,校园篮球教育的重要使命也在于培养全面发展的人才。

学生主体主要包括两个方面的含义:一是学生是学习活动中的主体,因此在校园篮球教学过程中,教师应该引导学生能够积极主动地完成各项学习任务;二是学生是发展的主体。因此,在篮球教学中,教师应该充分重视学生自主发展能力与自主创造能力的培养,引导学生真正成为学习的主人,充分掌握自主性。

在当前我国校园篮球课程教学中,学校也开始越来越注重学生主体性的体现,不仅注重学生"主体参与"的重要性,同时也积极采用多样化的措施来充分体现学生的主体性。在具体的教学过程中,教师应该从以下两方面着手来增强学生的主体性:

(1)树立"以学生为主体"的观念。在教学过程中,教师应该基于学生的身心发展特征及其发展需求,注重学生人格的完善与能力的发展,充分体现学生在学习过程中的主体性与能动性。在校园篮球课程教学过程中,应该充分认识到学生是学习与发展的主体,要树立"以学生为主体"的观念。

(2)激发学生的学习动机。在校园篮球课程学习过程中,由于学生本身就具有一定的创造性、能动性与自主性,因此学生是学习与发展的主体。然而,要想充分体现学生在学习活动中的主体地位,使学生成为真正意义上的学习主体,就需要学生产生足够的学习动力与学习需要,只有如此,才能充分激发学生学习的主观能动性。当然,在教学过程中,除了需要充分重视学生主体能力的培养以及主体性的体现,还需要注重教师的主导作用。这就对教师的综合素质有着更高的要求,在校园篮球课程教学过程中,教师除了需要完成自身教学任务之外,同时还需要充分明确自身的主导作用,从而充分体现学生的主体性。

4. 学习动机理论

学习动机指的就是进行学习的动力,主要体现在学生在学习过程中的自觉性、积极性、能动性与主动性。体育中的学习动机指的是人们学习并参加体育活动的过程中所具备的动力,当一些学生在参加篮球运动中具备良好的动机时,其往往能够持之以恒地参加篮球运动的学习与训练活动,能够全身心地投入其中,能够付出很大的努力。如果学生在篮球运动的学习、参与过程中,缺乏足够良好的动机,就很容易因为各种原因而选择放弃。

学习动机主要由学习需要与学习期待两个方面构成。学习需要指的是学习者基于某种需要而参加学习活动,是学习者主动想要获得某种学习成就而产生的一种心理倾向。学习需要能够充分激发学习者参加学习活动的欲望,是使学习者进行学习的重要驱动力。学习期待指的是学生希望通过自身的学习所达到的预期目标,能够为其学习过程提供重要的方向,对其学习活动具有一定的诱发作用。事实上,学习需要与学习期待通过相互作用与相互制约共同组成了学习动机系统。在这一系统中,学习需求占据着主导地位,学习期待是学生产生学习动机的必要条件。因此,教师在篮球教学中,首先要做的就是充分激发学生的学习动机,有效促进学生学习积极性的提高。

根据驱力理论可知,如果能够很好地激发人们的动机,就很容易为其某种行为的产生提供重要的驱力与能量,如果动机足够强,则其所产生的驱力也足够大,从而能够为行为的产生提供更多的能量。在篮球课程教学中,教师可以通过以下三个方面来激发学生的学习动机:

(1)明确学生的学习目标。要想有效激发学生的学习动机,那么让学生充分明确自身的学习目标是十分有必要的。当学生在学习过程中有着足够清晰的学习目标,并且能够充分认识到学习活动的价值,就很容易产生学习需要,进而全身心地投入到学习活动中。在学习活动中,如果缺乏足够清晰的目标与方向,盲目前进,势必会大大影响学习效率。教师在帮助学生制定学习目标的过程中,应该充分考虑到学生的实际水平。不仅如此,教师除了需要制定总体的学习目标,还要制定具体的学习目标,要将二者结合在一起。

(2)充分利用教师期望效应,合理协调学生对自身的期望。在篮球课程教学中,学习期望主要表现在教师对学生的期望以及学生对自我的期望。这两大期望都能够在很大程度上激发学生的学习动机,提高学生的学习积极性。

第一,教师对学生的期望。教师对学生的关心与期望在学生的学习活动中有着非常重要的作用,对于学生的成长与进步至关重要。国外一些心理学家将这一心理现象称为罗森塔尔效应,也可以称为教师期望效应。特别是对于学习表现不佳的学生而言,当教师对他们产生期望时,他们就会感觉到教师对自己的关心与重视,这对于他们学习自信心与学习动机的产生具有非常重要的推动作用。

第二,学生对自己的期望。学生在学习过程中,通常对自身也有一定的期望。通常情况下,学习水平高的学生一般对自己有着更高的期望,而中等学习水平的学生对自身的期望有高有低,学习水平较低的学生对自身的期望值也比较小。因此,在篮球课程教学中,教师应该对不同学生的期望进行适当的调整,对于那些对自己期望过高的学生,应该适当降低其对自身的期望,对于期望过低的学生,也应该适当提高其对自身的期望。这是因为如果学生对自身的期望水平过高,在学习过程中由于期望过高难以达成,就很容易产生沮丧的心理,并丧失自信心;如果学生对自身的期望水平过低,在学习过程中很容易对学习产生厌倦的情绪,从而降低学习动机,最终导致他们对篮球课程的学习缺乏足够的积极性。

(3)给予学生更多的鼓励。在校园篮球教学中,要想充分激发学生的学习动机,教师有必要经常性地给予学生鼓励,具体而言,可以为其提供适当的表扬与及时的评价,这对其之后的学习具有一定的强化作用,能够大大激发学生的自信心、上进心、自尊心、集体荣誉感等。

第一,对学生的学习给予适当的表扬。在学习活动中,相对于指责与批评,经常性地鼓励与表扬学生能够更好地激发学生的学习动机。尤其是对于那些学习表现不够好的学生,更应该注重对其自尊心的保护,经常性地对其进行表扬与鼓励，能够更好地激发他们学习的自信心与上进心。但是表扬也要适度，表扬过多也很容易产生相反的效果，很容易使学生产生骄傲自满的心理，忽略自身所存在的不足，进而产生消极的效果。因此除了需要表扬之外，还应该指出学生所存在的不足，并为其提供正确的指导，明确其之后努力的方向。

第二，对学生的学习给予及时评价。在学习活动中，评价的及时性往往非常重要，其主要原因在于及时的评价能够利用学生所产生的新鲜记忆，激发学生对自身在篮球学习过程中所存在的不足进行改进的愿望。

5. 最近发展区理论

心理学家维果斯基的最近发展区理论也为分层教学的发展提供了重要的理论依据。维果斯基认为，最近发展区就是学生现有发展水平和即将达到发展水平之间的差异，要想实现学生的全面发展，就需要充分认识学生以上两种水平的差异，要坚持先将最近发展区转化为现有发展水平，然后再转化为更高水平的最近发展区这样一个良性循环。这正好与分层教学理念存在一定的契合。分层教学理念就在于根据学生的实际水平进行分层教学，以制定与学生实际水平相符合的教学目标、教学内容、教学方法等，使各层次的学生都能够在学习中获得进步。在分层教学理念的影响下，各个层次之间也存在一定的联系，即低层次发展到一定阶段可以提升至高层次，这和最近发展区不断将最近发展区发展为现有发展水平的理论在本质上是一致的。

6. 信息反馈调节理论

在校园篮球课程教学中，反馈调节指的是教师不仅需要在教学活动中及时获得相应的反馈信息，以便对教学的实际情况进行充分了解，还需要根据教学实际情况对自身的教学活动进行及时优化与调整，最终促使教学效率的提升。根据现代信息论、系统论与控制论的原理，可以将校园篮球课程教学过程视为一个控制系统。在这一控制系统中，教师与学生之间必须进行信息交流，根据教学信息的反馈，来对教学活动进行适当的调控，以达到提高教学效率的目的。

教师通过对校园篮球课程教学中所反馈的相关信息的掌握，能够帮助自己对教学活动中的相关信息进行了解，同时也能帮助教师了解教学活动所产生的实际效果与预期目标之间的差距，然后在此基础上，对教学活动中所存在的问题与不足进行解决与完善，以便更好地推进教学目标的实现。在篮球训练活动中，信息反馈的作用主要体现在及时识别每次训练活动所产生的质量并充分利用。特别是在篮球课程教学中,由于实施的是分层教学模式,不同的班级在教学目标、教学内容、教学进度等方面存在一定的不同,教学目标的高低情况、教学内容的难易程度、教学进度的快慢情况等都存在一定的不同,此时教师就需要根据学生对篮球课程知识与技能的学习程度、学生在教学活动中的学习表现以及他们对教学活动的反映情况,来对教学目标、教学内容与教学进度及时进行适当的调整,以便于更好地适应学生的学习需要。

在校园篮球课程教学中,进行反馈调节的具体步骤包括:及时获取学生的反馈信息,对所获取的反馈信息进行评价,对篮球课程教学活动进行适当的调整。校园篮球课程的分层教学模式就是以反馈调节理论为基础。教师先对学生的各方面实际情况进行客观全面地了解,并将其视作教学活动的主体,充分重视其主体性,然后在此基础上构建和谐、友好、民主、平等的师生关系,之后通过与学生之间的有效互动与沟通交流,来获取更多的反馈信息,并根据这些反馈信息对教学活动进行优化与调整。

(二)分层教学模式的优势体现

分层教学模式坚持以学生为主体,将因材施教作为教学指导理念,激发出学生的主动性、积极性,促使学生能够以极大的热情参与到体育教学活动之中。

1. 重视学生的差异性

不同的学生由于生活环境、身体素质、运动能力等原因而具有一定的差异性,这会在一定程度上影响学生处理问题的方法。因此,教师在设计教学内容、教学目标的过程中,应该充分考虑学生的个性化特征。篮球分层教学模式则恰恰与以学生为主体的理念相契合。选课式分层教学的出现就是由于意识到不同学生是不同的个体,他们之间必然会存在这样或那样的差异,但是与此同时,学生与学生之间又存在某些共同之处,所以该理念提倡按照一定标准对学生群体进行划分,以便于教师能够安排与学生学习水平相适宜的教学难度与教学进度,使其能够在参与过程中获得成就感,增强其自信心。例如,在开展体育教学的过程中,体育教师会根据学生的身体素质以及学习能力将学生划分成不同的层次,并针对特定层次制定适宜的教学目标,具体如下:

(1)对身体素质较差且学习能力也不强的学生,教师可以将教学目标设定为可以自行演示出教师课堂教授的动作,并对运动的价值以及意义有自己的认识和理解。

（2）针对能力相对较高的学生，教师可以在设定教学目标时适当增加其难度，将体育教学目标设定为能够掌握体育动作的原理、形成定期参与体育锻炼的良好习惯、树立起终身体育的理念。

（3）对于能力非常突出、身体素质非常好的学生，教师可以将熟练掌握体育动作的技术以及原理、有一定自制力并能够自主督促自己参与体育运动等作为教学目标。

综上，在篮球分层教学模式中，每一个学生都能够找到适合自己的努力目标，并在实现目标的过程中逐渐提升自己的运动能力，促使整个教学活动都呈现出一种积极向上的良好态势，这对于体育课程的长远发展无疑是有利的。

2. 提升教师的综合能力

分层教学模式具有其他教学方法所不具有的优势，能够为教师提供更好的发挥平台，所以对教师的能力要求也就更高。"当我们考虑使用哪个训练方法，我们应该充分发挥我们的培养目标是什么，学生当前的竞争能力，训练点和每个方法的科学原则，学校的硬件和软件条件本身，间隔时间的长度，负荷强度、承载能力和其他方面的问题。此外，我们还需要学习培训方法的结合、转变和创新。"[1]由于分层教学模式的实施需要教师具备较强的组织能力、管理能力以及专业素质，所以教师不仅要掌握一定的体育运动理论知识和技术动作，还要具备一定的组织管理能力，并能够与时俱进，及时更新自己的教学方法、教学内容等。只有这样，才能真正满足当下学生在体育学习上的多样化、个性化的需求。

3. 营造良好的教学氛围

在校园篮球课程教学中，教学目标对于整个教学活动具有极其重要的指向性作用。无论是在短期的课堂教学还是在长期的学期教学中，都离不开科学合理的教学目标。人们在教学目标的指导下始终将注意力集中在相关活动之中。在分层教学的过程中，教师会对每个层次中的学生都设立一个适合本层次学生的教学目标，以期来引导学生为之努力。这并不意味着各个层次的教学目标互相隔绝，相反地，各个层次的学生在学习过程中能够相互监督、

---

[1] 余丁友. 现代篮球运动教学与训练研究 [M]. 北京：冶金工业出版社，2019:15.

相互激励。体育教学的整体氛围就在这种状态下变得更加团结友善，相对于传统教学法，班级凝聚力也更加强烈。

二、高校篮球教学中分层教学模式的设计

（一）设计原则

1. "教师为主导，学生为主体"原则

"教师为主导，学生为主体"是当前我国在开展素质教育的过程中所遵循的基本原则，在教学过程中，这一原则离不开教师的组织和引导。同时，这一原则也是分层教学模式在体育教学中得以实施的基础，二者之间存在共同之处，即都是以学生为主体。在这一原则的作用下，学生的主体性得以有效发挥，学生的学习热情得以充分激发，逐渐从"要我学"转为"我要学"。

2. "下要保底，上不封顶"原则

"下要保底，上不封顶"原则是确保分层教学模式可以在实际教学中取得显著效果的关键。从上文我们可知，在实际教学中影响教学效果的因素很多。例如，学生个人的身体素质、学习能力、基础设施、学习兴趣以及学习环境等，这些都能促使学生学习成绩出现高低之分。"下要保底，上不封顶"原则就是针对以上这种现象而提出的，根据教师对学生的科学分层，将教学目标的难度进行划分。例如，对于那些学习能力差的学生，教师将保证其身体素质达标、篮球水平达到篮球公共体育课教学大纲的最低要求作为目标；对于学习能力中等的学生，教师在实际教学中设定的教学难度要稍低于优等生，将靠近优等生作为这部分学生学习的目标；对于学习能力优秀的学习，教师会斟酌设定高于大纲的学习目标。

3. 全面性原则

全面性原则主要包括两个方面的含义：一是指这一原则适用于所有学生，要求任课教师一定要对所有学生的学习情况做到"心中有数"，目的是能够针对学生的具体情况来"对症下药"；二是指这一原则适用于学生发展的任何阶段，要求教师一定要根据学生在特定时期、特定地点以及特定环境下的身体素质、运动能力等选择教学难度以及速度，以此来保证阶段性的教学目标得以实现，进而促使最终目标——学生全面发展得以实现。

4. 激励性原则

激励性原则要求教师在教学过程中有敏锐的观察力，既能够及时发现学生的进步和不足，又能够采用以鼓励、表扬为主的手段来激发学生学习的热情，以此来带领学生实现各个教学目标。激励性原则是利用学生的求胜心来帮助学生树立自信心，帮助其制定学习目标，并努力向前奋进。因此，这一原则在教学中较为常用。对于不同的学生群体，该原则的运用方法也应有所区别。例如，对于成绩本来就很优秀的学生，当众表扬可以强化他们的自信以及求胜心，促使他们在篮球运动上投入更多的精力；对于成绩较差的学生，适当的夸奖以及激励可以改变他们对篮球运动的印象，进而在掌握篮球动作、战胜困难的过程中逐渐摆脱自卑，建立自信，最终形成良好的运动习惯、提高身体素质。

（二）设计策略

分层教学模式的实施是一个非常复杂的过程，需要按照一定步骤开展。对此，本部分总结出如下策略：

1. 科学分层

在分层教学中，分层是否科学合理对于篮球教学活动的有效开展具有决定性作用。在传统应试教育的影响下，教学活动通常是一个单向灌输的过程，即教师通过示范以及讲解相结合的方法，组织学生先对技术动作进行正确模仿，然后对学生的训练动作进行纠正与指导。因此，教师在安排教学内容、评价学生学习成绩的过程中，很容易忽视学生的差异性，导致学生难以体会到篮球运动的魅力。

因此，采用分层教学模式是对当前我国校园篮球课程教学现状进行改善的必要措施。一旦采用分层教学模式，就需要教师在开展教学的过程中，始终坚持因材施教的原则，通过开展问卷调查等方式来了解学生的实际情况，合理来安排篮球教学活动。教师一定要在教学实践中根据学生的具体表现，及时调整课程内容、教学方法等，进一步提升篮球课程对学生的吸引力，使学生有更大的兴趣学习并参加篮球运动。同时，分层并不意味着将不同层次的学生彼此割裂开，因为学生始终是在不断进步的，有些比较慢有些比较快，教师应根据学生不同时期的不同进度，调整课程目标的同时，对学生之间的层次重新进行划分。这就无形中加深了各个层次之间的联系，也激发了学生互相帮助、互相指导、互相竞争的意识，促使整个教学形成一种积极向上的氛围。在这种氛围的作用下,各个学生都将通过自身的努力而实现成绩的飞跃,教学效果也将会超越原有的既定目标。

2. 明确目标

学校开展教学活动的最终目的在于通过开展符合学生自身的个性教育来促使学生的全面发展,篮球课程教学活动的目的也是促进学生的全面发展。具体而言,篮球课程虽然在每节课、每个学期的目标都是不同的,但是其最终目的都是为实现学生全面且持续发展这一最终目标服务。然而,在篮球教学的实际过程中,各种内在因素与外在因素共同制约着篮球教学目标的实现。其中内在因素主要指的是学生在学习过程中存在一定的功利心,导致篮球教学价值发生异化;外在因素主要包括学校不重视等,这导致篮球课程的设置难以做到科学合理。

基于此背景下,大力推行分层教学模式对于篮球教学具有重要的意义。这就需要教师在坚持科学分层的基础上,科学设计教学计划,合理设定教学难度,要保证教学难度既要能够帮助学生树立学习的自信心,又要能够激发起学生的探索欲。对此,教师可以根据一些专项测试来及时调整教学内容及其难易度。教学是一个由易到难的过程,因此教师在设定教学目标时一定要注意系统性,为学生提供一个循序渐进的过程,让学生在感受成功喜悦的同时养成良好行为习惯。

3. 优化评价

教学评价的最终目的并不是对学生的学习成果做出评判,而是能够引导教师对教学过程所存在的不足进行改善,以推动教学活动能够朝着更好的方向发展。分层教学模式可使教学评价标准更加科学化、合理化,具体体现在以下两个方面:

(1)分层教学模式的教学评价将形成性评价与结果性评价有机结合起来,立体且全面地对学生的身体素质等各项能力做出评价,根据评价数据制定适合学生的最佳教学方案,将学生的积极性最大限度地调动起来。

(2)分层教学模式的教学评价是伴随在学生的成长过程之中的,教师可以结合阶段性目标的实现情况,发现学生的不足并及时提出必要的指导意见,以协助学生尽快走向正轨。

此外,分层教学模式突破以往以教师为主的教学评价,采用多主体评价,形成教师评价、学生自评以及小组互评相结合的模式,进而保证教学评价可以全面、科学且真实地反映出学生现阶段的表现。

4. 创新教学

分层教学模式强调教师要大胆创新，也就是说要对教学内容、教学手段、教学方法等进行大胆的改革与创新，并将这种创新精神传达给学生。在素质教育理念的指导下，分层教学模式鼓励教师进行创新，使学生真正成为教学的主体，其主要原因在于学生普遍思维活跃、有强烈的好奇心、善于接受新鲜事物，再加上现代社会信息技术的快速发展，更是为学生了解新知识提供更为便捷的平台。对此，教师一定要注意与时俱进，了解学生的所思、所想。例如，对于毫无篮球基础的学生，教师可以在教学内容上加入篮球理论以及篮球文化，让学生能够深入了解篮球的同时，还可以丰富学生的知识面，开拓学生的眼界，从而加深学生对篮球的兴趣。又如，对于接触过篮球但是技术水平偏低的学生，教师可借助新媒体技术，利用视频、图片等形式全面立体地为学生展示篮球技术动作的技巧，这不仅可以提升学生对技术动作的掌握及运用能力，还能动员学生，丰富他们的课余生活。

总的来说，分层教学模式具有高度的先进性，顺应了时代的发展趋势，切实贴合学生的需求，教师一定要紧跟时代步伐，将其应用到自己的实际教学过程中。

三、高校篮球教学中分层教学模式的实施

（一）实施思路

在篮球课程的分层教学模式中，学校应该设置对照班与实验班，以便于对分层教学模式的教学效果进行分析与比较。对照班运用的授课形式采用传统教学模式，即不加区分，为全体学生安排一样的内容、设定一样的目标，教师只要按照计划进行教学即可。在这个过程中，教师要注意规范学生的动作，对那些不正确、不规范的动作及时加以纠正，最后会采用统一的标准来对所有学生进行考核。不同于对照班，实验班采用的是分层教学模式。实验班的教师将根据学生的篮球兴趣、篮球运动基础等划分标准划分出三个层次，并据此来设置适宜的教学内容、目标。虽然实验班使用分层教学模式，但各个层次之间并不是相互独立的，教师会根据学生的学习情况及时调整层次。

具体而言，在篮球课程中采用分层教学的过程中，应该先对一些测试指标进行确定，然后根据这些测试指标的测试结果对学生进行分层，并将不同

层次的学生组建成一个小组，对不同的小组设置不同层次的目标，然后根据不同层次的目标对各个小组进行教学，引导不同的小组进行合作练习等。

1. 学生分层

教师在进行分层教学的过程中，需要先对学生进行合理分层，具体关于项目侧重点以及学生层次的分配比例等，这些都需要经过专业的考证，即专家以及优秀一线教师的研究才能决定。具体而言，教师可以根据学生的身体素质、学习态度、篮球兴趣、篮球技术成绩等方面，将实验班的学生分为A层、B层与C层。

A层的学生对篮球运动有着很浓厚的兴趣，且在上课之前已经初步掌握了一定的篮球运动技术动作。对于这部分学生，体育教师可对其提出更高的要求，将其教学目标适当提高，要求学生除了能够深刻掌握以及熟练运用篮球技战术之外，还要有强烈的团队意识和战术意识。除此之外，体育教师还要培养学生自主进行学习的意识和习惯，以此来激发出学生学习篮球的潜能。

B层的学生虽然对篮球运动有着足够的兴趣，但是其篮球运动基础比较薄弱。对于这部分学生，教师要适当降低教学目标，可以完全依照教学大纲进行，将篮球技术作为教学重点。

C层的学生不仅对篮球运动缺乏足够的兴趣，而且篮球运动基础也很薄弱，在篮球课程的学习中缺乏足够的自信。在教学过程中，教师要重点关注这部分学生。由于这部分人群的特殊性，所以教师尽可能地设定一些低要求，教学方法也要尽可能生动有趣，以培养学生兴趣为主，在教学内容、教学方式的安排上要注意娱乐性，以此来逐步引导学生发现篮球运动的巨大魅力。

2. 教学分层

篮球课程教学分层主要体现在以下方面：

（1）备课分层。备课分层是篮球课程分层教学模式中的一个首要环节，能够为之后教学活动的有序开展提供足够的保障，备课分层的任务主要在于对教学目标、教学内容、教学方法以及教学辅导等多个方面进行分层。教师在进行备课的过程中，应该积极查阅相关文献资料，多征询专家意见，对各个分层授课活动进行现场观摩等，以保证备课环节的高效进行。教师在进行备课分层的过程中，一定要注意对教学目标进行合理分析以及分解，以此来制定出适合特定学生群体的教学目标、教学内容，然后根据学生的学习表现得出最终成绩。在设定教学目标时，教师一定要把握好尺度，既不能太高又不能太低。换句话来说，这个目标是每个学生必须通过努力才可达到的，这样的目标不仅可以让学生拥有努力的目标，使学生在完成后能够享受到成就感，还能防止那些优秀学生因为目标太低而对篮球这门课程产生轻视心理，进而失去参与篮球运动的兴趣。根据上述分层情况，可将实验班教学目标分成以下方面：

A层教学目标：学生能够充分熟练地掌握教学大纲所要求的篮球运动知识与技能，同时也能掌握一定的拓展性篮球知识与技能，并且能够对自身所学篮球知识与技战术进行熟练运用。

B层教学目标：学生基本能够熟练掌握教学大纲所要求的篮球知识与技能，在实战中能够比较熟练地运用自身所学的篮球运动技战术。

C层教学目标：学生基本上能够掌握教学大纲所要求的篮球知识与技能，对篮球运动技战术的运用能力有所提高。

（2）授课分层。授课分层是篮球课程分层教学模式中非常重要的一个环节，同时也是难度最大的一个环节。在篮球课程的分层教学模式中，教师既需要充分把握教学的整体性，又需要把握教学的层次性，同时还需要顾及所有的学生，要对处于不同层次、不同阶段的所有学生分别进行充分的考虑。因此，教师在进行教学的过程中，应该以篮球基础知识与基本技能教学为起点，为了保证教学的整体性与层次性之间能够得以有效衔接，教师应该充分重视教学内容、教学方法与教学难度等方面的分层。例如，在投篮教学中使用分层教学模式的过程中，应该为A、B、C三个不同层次的学生提供具有针对性的指导，对于A层学生，可以要求学生站在不同的角度练习投篮，对于B层的学生，应该注重其投篮技术的强化与巩固，可以要求学生在选定的一两个位置练习投篮动作，对于C层的学生，可以要求其在一个固定的位置进行投篮练习，教师在对三个层次的学生进行难度分层与内容分层的基础上，组织三个层次的学生进行合作投篮练习，可以组织层次较高的学生辅助层次较低的学生进行投篮练习，既有利于层次水平较低的学生能够实现其投篮技术水平的显著提高，又有利于深化层次较高学生投篮技术的强化与巩固，同时还有利于增进学生之间的交流与合作。

在授课分层中，由于学生经过一段时间的学习与训练，以及不同层次、不同小组之间学生的交流与合作，篮球技能水平显著上升。因此，教师可以在不改变原来A、B、C小组组合的基础上，对这类进步显著的学生，适当增加其训练难度，以保证学生篮球技能水平能够得以不断提升。

(3)评价分层。在教学实验结束之后,可以由同一个教师按照统一的标准,对实验班与对照班学生的篮球运动学习情况进行评价。但是在对实验班学生进行评价的过程中,也要采用分层评价的方式进行,只是评价结果并不需要纳入学生最终的考核体系中,主要是为了对学生之后的学习产生一定的激励作用。对于三个不同层次的学生可以采用不同的评价标准,具体如下:

A层学生:可以设置相对较高的评价标准,以进一步加深学生对篮球知识与技能的理解与掌握。

B层学生:其评价标准应该是能够熟练掌握篮球运动知识与技能,所设置的标准难度应该稍微大一点,需要学生通过一定的努力才能达到标准,以使学生能够获得一定的成就感。

C层学生:所设置的标准难度应该比较低,使学生在达标之后能够增加对篮球知识与技能进行学习的自信心与积极性。

3. 实验后测

在教学实验结束之后,可以对实验班与对照班的学生开展统一测试,具体可以对学生的身体素质、篮球技术、学习态度、心理情感、合作表现等方面进行测试,以便于分析分层教学模式的实验教学效果。在此之后,还可以通过问卷调查的方式,对实验班与对照班学生的反馈意见进行收集、整理与分析,以为之后的篮球分层教学实验提供一定的参考。

(二)实施要点

1. 保证分层前与分层后的流动性

教师在对学生进行分层的过程中,通常会受到多种因素的共同影响,而且这些因素中有很多是会随着时间变化而变化的。例如,如果教师是根据学生对篮球技术的掌握情况来对学生进行划分,那么刚开始那些在上篮球课之前就已经接触并掌握一定篮球技战术学生的划分层次肯定会相对靠前,但是在之后的学习过程中,由于不同学生在学习能力、学习态度等方面的不同,就很有可能导致一些层次较高的学生止步不前,而较低层次学生的进步十分明显,这时就需要教师对学生层次进行适当的调整。为了能够进一步保证这种流动性,教师一定要注意层次划分要适度,切记不要太过烦琐。另外,由于学生这一群体的思想较容易受到外界的影响,所以在学生成绩出现起伏时教师要观察一段时间,一般以一个月最适宜,以便对学生真实的学习情况有更深刻的了解，这样也可以保证学生能够得到最公正的待遇。

2. 教师应提升课堂掌控能力

分层教学模式中，教学需要具备更高的能力，需要熟练掌握多种教学方法，并熟知各个教学方法的优缺点以及如何才能将各个教学方法的最大优点发挥出来。例如，在开展教学的具体过程中，对于能力比较突出的学生，教师可以选用自主学习法；对于那些对篮球运动缺乏足够热情的学生，可以采用游戏教学法，目的是能够激发其学习篮球运动的兴趣；对于基础较差的学生，教师可以将学生篮球基础动作设定为主要内容。

总而言之，在分层教学模式中，体育教学对教师的课堂驾驭能力有了更高的要求，即不仅需要具备深厚的专业能力，还需要具备较强的管理能力、组织能力。

第三节 "课内外一体化"的篮球俱乐部教学模式

一、"课内外一体化"篮球俱乐部教学模式的理论依据

"课内外一体化"篮球俱乐部教学模式是在一定的理论基础之上构建起来并加以创新的新型模式，具体来说，主要包括三个方面：非指导性教学理论、合作教育学理论以及建构主义教学理论。这几个理论都有各自的侧重点，相应的优势和劣势也各有不同。

（一）非指导性教学理论

20世纪60年代，非指导性教学理论在美国产生，美国人本主义心理学家罗杰斯是其主要代表人物，因此这一理论也被称为人本主义的教学理论。非指导性教学理论强调人人都有学习动力，都能确定自己的学习需要；教学必须以学生为中心；教师是帮助学生探索生活、学业的促进者；教学的最终目标是促进学生的个性发展。在非指导性教学理论中，教师的主要职责由教授逐渐转变为引导学生，这一理论的精髓就是"给学生安全感"。

由于非指导性教学理论不仅能够使学生的主体地位得到肯定，并且使教师的职责发生转变，而且还能够把人际关系、情感态度看作是实现教学目的的主要条件，并且提出营造一种真诚、接受和理解的气氛，使学生信任自己

的能力，肯定自我价值。这也是其作为"课内外一体化"篮球俱乐部教学模式的理论依据的主要原因所在。

不可否认的是，非指导性教学理论也有其缺点，鉴于此，可以相对应地提出一些要求，可大致归纳为三个方面：①对教师在教学中应起的作用加以重视；②在保证学生获得系统知识的基础上，让学生根据兴趣对学习的目标、内容、进程、方法和评价进行自主选择；③创设良好的人际关系、情感态度的教学情境。

（二）合作教育学理论

20世纪80年代后期，合作教育学理论开始出现。这一理论主要倡导教育过程中的师生合作，对学生的学习兴趣、学习能力的培养以及个性的健康发展都非常重视，同时，还提出了取消分数，而以发展学生的认知积极性为目标的主张。

合作教育学理论不仅提倡教师与学生的人格平等，主张营造民主、和谐的课堂气氛，而且还在其评价体系中，将培养学生自我评价和自我控制的能力作为评价体系的重要组成部分，通过取消分数来缩小成绩对学生视野的限制，进而使学生将注意力回归本身，更多地关注自我，通过自我分析、自我评价，达到自我调节的认识活动的目的。

（三）建构主义教学理论

建构主义也被称为结构主义，是20世纪80年代产生的一种理论，皮亚杰和布鲁纳是该理论的代表人物。该理论的主要观点为世界是客观存在的，但是，每个人自己能够决定对世界的理解和赋予的意义。现实的构建往往是在人们自身经验的基础上进行的，而每个人的经验以及对经验的信念都存在着一定的差异性，这就使得人们对外部世界的理解也存在着较大的差别。构建主义教学理论对学习环境、学习过程都是非常重视的，与此同时还重视对各种信息资源的充分利用，并以此来为学生的主动探索和完成意义建构提供相应的支持和帮助。

另外，不可忽视的是，在实际操作中，构建主义教学理论也存在着一定的问题，主要表现在三个方面：①对实际知识的传授不够重视，这就对学生适应能力的培养加大了难度；②对教师的要求较高，这在能力和责任心方面都有所体现；③对教学设施和教学条件有着较高的要求。

二、"课内外一体化"篮球俱乐部教学模式的教学方法

不管是什么样的教学模式,科学合理的教学方法体系都是必不可少的,这对于教学目标的实现有着非常重要的作用和意义,而这对于"课内外一体化"篮球俱乐部教学模式来说也是如此。由此可以看出,建立科学、系统的体育教学方法体系,并使其逐步趋于完善是非常重要且必要的。

在"课内外一体化"篮球俱乐部教学模式的教学过程中,可以分别从运动技能和理论知识的掌握、体能训练的提高、教学评价的实施三个层面来对教学方法进行分类说明。首先,讲解法、示范法、纠正错误教学法、表演法、鼓励法等常规的教学方法在教学实践中是一定会用到的,这是任何体育教学模式都无法规避的。因此,这就要求要重点对有针对性、特殊性、必要性的教学方法进行阐述解释。其次,教学方法体系主要由运动技能及理论知识的教学方法、发展学生体能的训练方法以及运动评价方法三个部分组成。其中,运动技能及理论知识的教学方法中又包括计划教学法、网络辅助教学法、自学辅导教学法三种方法;发展学生体能的训练方法则主要由游戏法和比赛法构成;运动评价方法则有教师评、自评法和互评法三种方法。

(一)发展学生体能的教学方法

通常,如果是单独发展学生的体能素质,往往会用到持续法、负重法、间歇法等基本方法。但是,在篮球运动教学中发展学生体能的方法则主要应用游戏法和比赛法,究其原因,主要是由于"课内外一体化"篮球俱乐部教学模式,不仅对学生自我组织、自我锻炼、协作交流的能力非常注重,而且还能够通过游戏教学法的运用,来使学生的被动参与逐渐转变为主动参与,参与的动机越来越强烈,这就将学生的创造性和主观能动性充分发挥出来,这对于学生良好的学习氛围的营造是非常有利的。

在"课内外一体化"篮球俱乐部教学模式中应用游戏法与比赛法,主要有两个目的:首先,通过游戏法的应用,将学生对篮球运动的兴趣有效激发出来,创设和谐教学情境,从而为该模式的实施做好铺垫;其次,将比赛法应用于课程学习的后半阶段,这样做的主要原因在于,通过循序渐进的比赛法的运用,能够使学生具备参加比赛的基本体育技能,同时,还能将掌握的基本技能和裁判法结合比赛的形式体现出来。

（二）运动技能及理论知识的教学方法

在"课内外一体化"篮球俱乐部教学模式中，经常用到的教学方法主要有三种，即计划教学法、网络辅助教学法、自学辅导教学法，具体如下：

1. 计划教学法

计划教学法遵循以学生为中心的原则，有针对性和目的性地对学生的运动技能和知识进行传授和培养，使学生能够养成有计划的学习方法，进而有效提高合理利用教学工具及选择、组织、构造的能力。

计划教学法与传统教学方法之间有着较大的差别，其主要是通过对教学环境的妥善利用将学生学习的动机激发出来，同时，还以教学大纲和学生自身兴趣和爱好为依据，在学习计划的制订和教学内容的选择方面体现出显著的自主性。

将计划教学法应用于"课内外一体化"篮球俱乐部教学模式的实际教学中，首先要让学生明确自己学习的目的和目标，将学习计划尽量详细地制订出来，然后将其应用于教学实践中，并在完成计划后进行评价，从而使学生享受计划学习目标达到的成功体验。

2. 网络辅助教学法

网络辅助教学法在现代体育教学中有着非常广泛的应用，具体来说，这种方法主要是指以计算机网络技术为主要教学媒体，在网络平台上进行教学活动的教学方法。这一教学方法对于学生课后的预习和对理论知识的掌握是非常有帮助的。

网络辅助教学法能够将学生的学习欲望充分激发出来；通过及时反馈功能帮助学生进行自主学习；通过人机交互，使学生可以通过学习，将所学的内容内化成自己的技能、品质或精神特点，从而取得理想的教学效果。

在实际教学中，要求教师将网络信息技术特点与学生身心发展特性以及学科自身特点有机结合起来，并且依据学生的学习任务和学习目标，来对新颖的教学技术软件资源进行有针对性的设计。

3. 自学辅导法

学生在教师的辅导活动下进行有效的学习活动，就是所谓的自学辅导法。具体来说，这是一种将学生的自学和教师的辅导结合在一起的师生双方交互活动。自学辅导法要求教师在课前将教学的目标和任务传达给学生，学生利用教学资源在教师的辅导下自行学习。另外，教师辅导者的地位能够更好地将学生学习的积极性调动起来，这对于学生独立思考与解决问题能力的提高是非常有益的。

由此可见，自学辅导法就是教师在教学活动进行之前，将学生自学的内容布置下去，使学生先自行通过学习发现问题、解决问题，如果无法解决，再去请教师进行辅导和讲解的一种教学方法。

（三）运动评价方法

教师评价、学生的自评和互评，在"课内外一体化"篮球俱乐部教学模式中都有所应用。学生的自评是学生对自身学习进行的一种评价形式，具有非常重要的意义。通过自我评价法的应用，能够积极引导学生对自己的学习进行自我省察，通过积极鼓励的方式来使学生多动脑筋，对自己学习的长处和短处进行思考。这种评价方法能够使评价对学生造成的负面影响降到最低，这不仅使现代教育观念中对人性发展的要求得到较好的满足，同时，也将学生个性发展的特点突出。另外，为了保证学生自我评价的客观性和科学性，要求教师在评价过程中要做到积极的引导工作，使学生要遵循实事求是原则和个体差异原则，对过程、态度、进步都进行充分考量，让每位学生都能够获得成功的体验。

三、"课内外一体化"篮球俱乐部教学模式的实现条件

要想实现"课内外一体化"篮球俱乐部教学模式，就需要具备一定的实现条件。一般来说，可以将本模式实施过程中的实现条件大致分为两个方面：一个是硬件条件，一个是软件条件，二者缺一不可。

（一）硬件条件

在"课内外一体化"篮球俱乐部教学模式实施的过程当中，所用到的硬件条件主要有两个：一个是适宜练习的体育场地；另一个是项目所涉及的设备与实验器材。一般来说，会应用到五种实验器材：第一种是计算机，一般用来作为终端机和工作机分别使用；第二种是服务器，用来做连续读卡器；第三种是打印机，打印数据；第四种是移动硬盘，用来输出、存储数据；第五种就是读卡器，用来记录学生课外锻炼的情况。

（二）软件条件

在"课内外一体化"篮球俱乐部教学模式中，软件条件是模式可实施的

重要前提和保障。在模式当中，软件条件主要用到学习项目的网络多媒体课件（其中包括单机版和网络版）、教学计划与大纲、教材等。

当前，多媒体计算机技术发展迅速，多媒体教学单机版和网络版课件的研制已初具规模，这就为"课内外一体化"篮球俱乐部教学模式的顺利实施提供了科学、有效的软件条件。

第四章　现代高校篮球运动规则及组织

第一节　高校篮球运动规则与裁判

一、篮球运动的规则

篮球规则是篮球竞技的法则，是参加篮球竞赛活动的人员必须遵守的比赛规定、技术标准和行为规范。篮球规则是以法规的条文方式规定竞赛的方法和竞赛原则，以及违反这些条例与规定应做出的判罚。其宗旨是提倡公正竞赛、文明竞赛，鼓励积极进取、团结协作、遵守纪律的优良体育道德作风；限制不正当的行为和不合理的动作，反对野蛮、粗暴的作风与打法，以促进技战术的不断发展，从而体现于维护篮球初创时期提出的基本精神、宗旨和目的，以保证与促进篮球运动的健康发展。

篮球规则作为篮球竞技的法则，具有一定的稳定性和连续性。但这种稳定性与连续性是相对的，随着篮球运动的发展，篮球规则也在相应地修改与变化，以便及时反映和适应篮球运动发展的客观需求，并通过规则的不断修改与完善，推动与促进篮球运动的普及，从而保持篮球运动的锻炼价值，增加篮球比赛的观赏性，提高篮球运动的吸引力。

（一）篮球比赛通则

1. 比赛时间

篮球比赛由4节组成，每节10分钟，在第1节和第2节（即第一半时）之间、第3节和第4节（即第二半时）之间以及每一决胜期之前应有2分钟的比赛休息时间。每半时之间的休息时间应为15分钟。在比赛预定的开始时间之前，有20分钟的比赛休息时间。每一决胜期的时间为5分钟。

2. 比赛开始与结束

比赛的第 1 节是比赛双方任一队员站在圈内，由主裁判员执行跳球开始比赛。当主裁判员抛出的球被一名跳球队员合法拍击时为第 1 节比赛开始，抛出的球被跳球队员拍击的一瞬间，计时员即可开动比赛时钟，其后所有的各节比赛则以队员掷球入界的形式开始。由掷球入界的队在记录台对面边线中点处掷球入界开始比赛，当掷出的球触及一名场上队员或被场上队员合法触及时为该节比赛开始。第 3 节比赛开始前，双方球队应交换比赛场地，然后同样拥有掷球入界权的队，掷球入界开始比赛。一节或决胜期的比赛，当结束比赛时间的比赛计时钟信号响时，为比赛结束。

当开始比赛时间已到，裁判员通知比赛双方准备开始比赛时，如果某队准备上场比赛的队员不足 5 名，则比赛不能开始。

（1）在预定比赛时间开始的 15 分钟后，某队不到场或不能使 5 名队员入场准备比赛，裁判员可判该队弃权，宣布该队比赛告负，判对方队获胜，且比分为 20∶0。此外，被判弃权的队本场比赛在名次排列积分中为 0 分。

（2）在比赛中，如果某队因队员 5 次犯规下场或队员受伤以及其他原因在场上准备比赛的队员少于 2 名时，裁判员可判该队由于缺少队员使比赛告负，宣布比赛结束。此时，如判给获胜的队比分领先，则在当时的比分应有效；如判给获胜的队比分未领先，则比分应记录为 2∶0。此外，因缺少队员而告负的队在名次排列积分中应得 1 分。

3. 活球与死球

裁判员在比赛中应随时掌握球的状态，即此刻球是活球还是死球，清楚地了解哪些状态下表示球成活球、什么状态下表示球成死球，这有助于裁判员对临场中当球在不同状态下发生各种情况时做出正确的判罚和处理。

（1）活球：跳球中，球被一名跳球队员合法拍击时；罚球中，罚球队员可处理球时；掷球入界中，掷球入界队员可处理球时；死球。

（2）任何投篮或罚球中篮时：球是活球，裁判员鸣哨时；比赛计时钟信号响以结束每节时；对控制球 24 秒装置信号响时。

第四章　现代高校篮球运动规则及组织

4. "一次跳球"

在发生下列情况时，裁判员可执行"一次跳球"[①]：

（1）宣判了一次争球。

（2）球出界，裁判员对谁是最后触及球的队员拿不准或有争执时。

（3）在最后一次或仅有一次罚球未中，双方队员发生罚球违例时。

（4）一个活球停在球篮支架上（罚球的除外）。

（5）当任何一队既没有控制球又没有球权时，球成死球。

（6）在抵消了双方球队的相等罚则后，没有留下其他要执行的罚则，并且在宣判第一次犯规或违规之前，任何一队既没有控制球也没有球权时。

（7）除第一节外，其他所有节的开始时。

5. "交替拥有"

"交替拥有"是以掷球入界而不是以跳球来使球成活球的一种方法，裁判员在执行"交替拥有"时的注意事项如下：

（1）在第一节开始的跳球后未能在场上获得控制球的队则首先获得"交替拥有"。在随后的比赛中，发生的所有跳球情况，都将由双方球队"交替拥有"在最靠近发生跳球地点的界线外，掷球入界，重新开始比赛。

（2）在比赛中，"一次跳球"情况发生，应由获得"交替拥有"权的队在最靠近发生跳球的地点掷球入界，重新开始比赛。

（3）在任一节比赛结束时，应由获得下一次"交替拥有"权的队在记录台对面的中线延长部分以掷球入网开始下一节比赛。

（4）在比赛中，需执行"交替拥有"掷球入界重新开始比赛时，执行裁判员应根据记录台前的"交替拥有"标志，即刻指明球队的进攻方向与掷球入界的地点。

6. 球队控制球

篮球比赛规则规定，当该队一名队员控制一个活球或球在该队队员之间传递时，即为球队控制球。裁判员需懂得什么叫球队控制球、哪些情况表明球队控制球结束，这是裁判员在临场中正确地判断和处理场上出现的诸多违反规则行为的重要依据。如球回后场、控制球队犯规、抢球时发生的犯规，

[①] 在第1节开始时，一名裁判员在中圈、在任意两名互为对手的队员之间将球抛起，即为一次跳球发生。

全队累计犯规的处理以及对判断球队是否构成3秒、5秒、8秒和24秒违例等，这些都与球队控制球的概念有直接联系。下列情况为球队控制球结束：

（1）一名对方队员对球获得控制时。

（2）球成死球时。

（3）在投篮或罚球中球已离开队员的手时。

7. 球中篮

篮球比赛规则规定：在比赛中，只有当一个活球从上方进入球篮并停留在球篮内或穿过球篮时才为球中篮。在比赛中出现下列情况时为球中篮的特殊情况：

（1）如果队员意外将球投入本队的球篮，则中篮计2分，记在对方名下。

（2）如果队员故意将球投入本队球篮，则是违例，中篮不计得分。

（3）如果队员使整个球从下方进入球篮，则是违例。

8. 暂停与替换

暂停与替换是教练或教练员在比赛中实施战术意图与进行战斗力调整的一项重要措施与方法，同时，也是裁判员进行赛场管理的重要时机。在比赛中，无论教练员或裁判员，都必须明确和掌握规则对暂停与替换的相关规定，以便教练员及时地运用暂停与替换，裁判员正确地实施赛场管理。

（1）暂停。在第一个半时的任何时间，每队可准予两次要登记的暂停；第二个半时内，可准予3次要登记的暂停以及每一决胜期的任何时间可准予1次要登记的暂停。未用过的暂停，不得遗留给下一个半时或决胜期，每次暂停为1分钟。

在比赛中，只有教练员或助理教练员有权请求要登记的暂停。教练员或助理教练员应亲自到记录员处清楚地要求暂停，并做出规定的暂停手势。

在比赛中，教练员或助理教练员请求要登记的暂停，只有当球成死球，比赛计时钟停止时，或当投篮得分时，非得分队已在投篮前提出了暂停请求时，记录台方可发出信号允许暂停。

（2）替换。在比赛中，只有替补队员有权请求替换。替补队员应到记录台前清楚地表达自己要替换，做出替换手势或坐在替换席上，并做好比赛的准备。

在比赛中，当某队请求替换时，只有当球成死球，比赛计时钟停止，裁判员已结束了与记录台联系时，或在第四节的最后两分钟或每一决胜期的最后两分钟内，投篮得分时，非得分队的队员请求替换，记录台可发出信号允许替换。裁判员在执行替换时应掌握以下四点：

第一，一次替换发生，队员已成为替补队员和替补队员已成为队员，分别不能重新进入比赛或离开比赛，直到一个比赛的钟表运行片断之后球再次成死球为止。

第二，有不合理的延误（超过约 30 秒），违反时间规定的队应该登记一次暂停，如果该队没有剩余的要登记的暂停，则可登记教练员一次技术犯规，并执行相应的罚则。

第三，在最后一次或仅有一次的罚球后球成死球时（如罚球中篮），罚球队员可以被替换。此时对方队也可以进行一次替换，只要该请求是在最后一次或仅有一次的罚球后球成活球之前提出。

第四，在比赛中，当出现罚球队员受伤、罚球队员已发生第五次犯规、罚球队员已被取消比赛资格等情况时，罚球队员必须被替换。一旦替换完成，应由被替换上场的队员执行罚球。

（二）篮球比赛的违例

违例是违犯规则的行为，在篮球比赛中，常见的违例有使球出界、运球违例、带球走、掷界外球违例、球回后场、干扰球、拳击球和有关违反时间方面规定的违例等。在篮球比赛中，裁判员宣判某队队员违例时的罚则为由对方队在发生违例的最近地点界线外掷球入界重新开始比赛。

1. 队员出界与球出界

在临场中，根据规则的有关规定，谁使球出界，就是谁违例。裁判员依据下列三点来判断：

（1）球场上的边线和端线属于界外。

（2）以队员触及的地面来判断。

（3）以球触及场外任何人员、地面、物体来判断。当球触及了相关物体时，即是球出界，最后触及球和球触及的队员是使球出界的队员，这些相关物体包括：在界外的队员或任何其他人员，界线上、界线上方或界线外的地面或任何物体，篮板支架、篮板背面或比赛场地上的任何物体。

当裁判员无法判断谁使球出界时，则可视为一次跳球情况发生（即争球）。

2. 掷界外球违例

在比赛中，除投球中篮得分外，其他任何情况下获得控制球权的队在界外掷球入界时，都必须经由裁判员递交球，裁判员可将球递交给掷球入界的队员或置于其可处理的地方，也可将球抛或反弹给执行掷球入界的队员。掷界外球时，掷界外球的队员必须遵守下列规定，否则可判为违例：

（1）当裁判员认为该队员可处理球时，该队员应在5秒内使球进入场内。

（2）掷界外球的队员在球未离手前，不得在裁判员指定的地点横向移动超过1米或向不止一个方向移动。但只要情况许可，该队员从界线后退多远都可以。

（3）当投篮成功或罚篮中篮后，非得分队的任一队员在中篮得分的端线外任一地点掷球入界时，执行掷球入界的队员可横向移动或后移，球可在端线后的同队队员之间传递，但是，当界外第一名队员可处理球时，5秒计时就开始。

（4）在边线外掷界外球时，当裁判员将球递交后，掷界外球的队员不得将球交给另一同队队员掷界外球。

（5）掷界外球时，脚踩线不算违例，只有当身体触及场内地面时才算违例，且界线属于界外。

（6）掷界外球时，掷出的球不得碰到篮板背面、支柱、天花板或卡在篮筐支颈上，也不得直接中篮。

（7）在掷出的球触及场上队员之前，掷球入界的队员进场不得首先触及球。

（8）掷界外球时，在球被掷入场内前，场内其他队员不得将身体的任何部位越过界线，当界线外掷球入界的地点无障碍物区域少于2米时，防守队员不得靠近掷球入界的队员1米之内。

3. 运球违例

裁判员判断队员运球是否违例（俗称二次运球），首先应从规则的含义中搞清楚什么是运球，哪些情况不算运球，什么时候算运球结束，什么情况下可以重新运球。这样才能对队员运球时出现的违例作出为正确的判断。

篮球比赛的规则：当在场上已获得控制活球的队员将球掷、拍、滚或运在地面上，并在球触及另一队员之前再次触及球为运球开始。当队员双手同时触及球或允许球在一手或双手中停留时为运球结束。队员第一次运球结束后，在球失去控制之前或在球失去控制之后未触及另一队员或被另一队员触及之前，不得再次运球，否则判该队员运球违例。

以下这些情况不算二次运球：连续的投篮（根据裁判员的判断，只要是投篮动作，不管投出的球接触篮筐、篮板与否，投篮队员都可以再次接触球并运球或传球、投篮）；一次运球的开始或结束时漏接球，即接球不稳；在抢球时利用连续跳拍动作试图控制球；击拍另一队员控制的球后再运球；只要不发生带球走违例，则将球在二次抛接并在球触及地面前允许在手中停留。

4. 带球走

带球走，指当队员在场上持球向任何方向移动时不得超出规则的一定限制，否则应视为非法移动，即带球走违例。

带球走是比赛中发生在持球队员身上常见的一种违例现象，裁判员应给予充分的重视，不得掉以轻心，以免出现漏判或错判，影响队员技术运用的正常发挥，给比赛造成不公正的影响。

规则对队员持球移动的限制主要体现在队员持球移动时对中枢脚的限制。因此，如何判断带球走，确定中枢脚是关键。

根据规则的相关规定，队员原地静止状态下接球或移动中接球，双脚同时着地，可以用任何一脚做中枢脚，当一脚抬起的一刹那，另一脚就成为中枢脚；队员在移动或运球中接到球，如一脚正接触地面，则该脚就成为中枢脚，当队员一脚着地，也可跳起此脚，然后双脚同时着地停步，此时哪一只脚都不能单独成为中枢脚，队员如需运球，则必须在球离手后，两脚任意脚才能离地。

同时有规定，队员在场上一旦控制了活球并已经确定了中枢脚，则在开始运球时，球出手之前，中枢脚不得离地，否则可判为带球走步。队员提起中枢脚可做传球或投篮，但在球出手之前任一脚不得落回地面。

当一名队员持球跌倒在地面或躺、坐在地面上获得控制球是合法的，如果此后该队员持球滑动、滚动或试图站起来，则是违例。

5. 违反时间规则方面的违例

在比赛中，涉及违反时间规则方面的违例主要有以下四点：

（1）"3秒钟"规则。"3秒钟"规则是指当某队在前场控制活球并且比赛计时钟正在运行时，该队的队员不得停留在对方的限制区内超过3秒，否则可判该队员违例。

（2）"5秒钟"规则。在比赛中发生5秒违例主要有三种情况：掷界外球时，从执行掷球入界的队员可处理球时到球离手不得超过5秒；罚球时，从裁判员递交球后执行罚球的队员可处理罚球时到球离手不得超过5秒；一名队员正持着活球，被对方队员严密防守时必须在5秒内传球、投篮或者运球。一旦控制球队的队员违反上述时间规定，即可判该队队员违例。

（3）"8秒钟"规则。"8秒钟"规则是指当一名进攻队员在场上获得控制活球时，其所属的队必须在8秒内使球进入其前场，否则可判该队违例。

（4）"24秒钟"规则。"24秒钟"规则是指当一名进攻队员在场上获得控制活球时，其所属队必须在24秒内投篮；在24秒中装置的信号发出前，球必须离开队员的手，否则可判该队违例。

6. 球回后场

球回后场是指控制球队的队员在前场使球回到后场。在比赛中，当控制球队的队员使球进入了前场，或在球触及有部分身体接触中线或位于中线的该队队员，然后又使球首先接触了后场地面的该队队员即为该队球回后场违例。根据以上规定，裁判员判断是否构成球回后场，应依据以下三个要素进行：

（1）控制球队的队员在前场控制了球。

（2）控制球队的队员使球从前场进入后场。

（3）控制球队的队员在后场首先触及球。

以上三个要素是构成球回后场的必备条件，缺一不可。

7. 脚踢球与拳击球

篮球是用手进行运动的项目，不允许脚踢球或用拳头击球。故意用脚踢球、用腿的任何部位阻挡球及用拳击球都是违例，球偶然地接触或碰及脚或腿则不算违例。

8. 干扰球

在投篮时，当球在飞行中下落，并完全在篮圈水平面以上时，无论是进攻或防守的队员都不能触及球，否则应判触及球的队员干扰球违例，但在球触及篮圈后或明显不会触及篮圈时除外。

在比赛中，队员违反相关规定应视为干扰球违例，主要包括：当投篮或罚球的球触及篮圈时，进攻和防守双方队员都不得触及球篮或篮板；当投篮或罚球的球触及篮圈后弹起或在篮圈水平面以上时，攻守双方队员都可以触及球，但不得触及篮圈和篮板；队员不得从下方伸手穿过篮圈并触及球。

干扰球的罚则为：进攻队员干扰球违例，球中篮无效，判由对方队在罚球线所对应的边线外掷球入界；防守队员干扰球违例，无论球中篮与否，均按照投篮区域判给进攻队 2 分或 3 分；当防守队员干扰球发生在最后一次或仅有一次的罚球中，应判给进攻队得 1 分。

二、篮球裁判的管理

篮球裁判员是篮球比赛的具体组织者和规则的执行者，与篮球运动员、教练员三位一体构成了篮球比赛的中心人物，他们相互依存，相互促进。在攀登篮球运动高峰的征途上，他们是志同道合、密切合作的伙伴。[1]

（一）称号与标志

篮球裁判员是指在篮球竞赛中，依据篮球竞赛规程和竞赛规则的精神，对参赛双方在竞技活动中表现出来的行为和举止，做出正确的裁断及处置，并最终评定胜负的组织管理人员。[2]篮球裁判一般分为五个等级，分别是国际级、国家等级（荣誉级、国家 A 级、国家级）、一级、二级、三级。其中国家 A 级就是指参加并通过每年由篮管中心组织的注册考核的裁判级别。但是国家 A 级篮球裁判不是永久的称号，当达不到要求时，就自然成为国家级。

（二）申请资格

凡是申请篮球各级裁判员，必须做到：拥护中国共产党领导，热爱祖国，能够积极完成各项篮球裁判工作，努力钻研篮球竞赛规则和裁判方法，熟悉篮球技战术并有一定亲身实践，执行裁判工作中，要做到严肃、认真、公正、准确，身体健康，并达到国家体育总局篮管中心对裁判员身体条件、身体素质及临场实践数量方面等的要求。

（三）申请裁判的程序

国际裁判需要由中国篮协裁委会推荐，并征得相关省、区、市体育局（篮协）的同意，以中国篮协名义向国际篮联推荐和申请，参加国际篮联组织的考试。经国际篮联考核批准后，由国家体育总局审批公布，颁发证书、证章和胸徽。已有级别的裁判员，可在现有级别基础上申请上一级别；没有等级

---

[1] 张波，胡良玉. 篮球裁判基础理论与实践 [M]. 成都：四川大学出版社，2012：2.
[2] 冯岩. 篮球裁判入门 [M]. 武汉：中国地质大学出版社，2004：11.

称号的裁判员，必须由最低级别三级开始，逐步向高一级别申请。个人申请后，由基层单位根据本人申请，考核其裁判实际情况，向有关批准部门进行推荐。申报国家级裁判员，必须参加国家体育总局篮球处和篮球运动协会组织的统一考试；申报一级裁判员，必须参加省、自治区、直辖市体委及篮球协会组织的考试。批准授予篮球等级裁判员的权限分别如下：国家级裁判员，需由国家体育总局篮管中心批准授予；一级裁判员，需要由省、自治区、直辖市体育局批准授予；二级和三级裁判员由地、县级体育局批准授予。体育总局直属体育学院、行业体育协会可批准本单位、本系统一级及以下篮球裁判员，省、市所属体育学院可批准本单位三级裁判员，上述两地批准的裁判员，应报当地体育局备案。

（四）篮球裁判的考试科目

第一，理论知识。参加由各级篮协委托篮球裁判官员参与编题的理论考试，试卷的内容包括篮球技术、战术、规则、裁判法、竞赛制度等理论，其中对规则的认识和新规则的变化情况是考试的重点内容，考题的类型包括名词解释、简答题、判断说明、英语书面翻译和口译等。

第二，技战术实践。参加由篮协组织的篮球教学比赛。通过比赛，由篮球技术官员评判考生的篮球运动技战水平。

第三，临场执裁。参加由各级篮协指定的篮球比赛的裁判工作，由各级篮协裁判委员会指派的裁判技术官员对申报等级的执哨裁判的表现按测评内容进行评分，测评内容一般包含：身体形态（如身高、体重等）、仪表、气质、违例的判罚正误、犯规的判罚正误、漏判、裁判的跑位等。

第四，体能项目。体能项目包括莱格尔跑和耐力。

莱格尔跑又称国际篮联20米渐进折返跑，要求测试者按照规定的节奏进行跑动。节奏的特点一般是由慢速开始，然后逐渐加快，每次的20米要在规定的时间内完成，不能快，也不能慢。当考生不能达到节奏要求时，由考官记录下考生跑的趟数。考生可根据自己的年龄，完成规定的趟数即可。若完不成规定的趟数，则视为不及格。当无法播放莱格尔音乐时，可用篮球场见线折返跑来替代。篮球场见线折返跑的方法是：测试者开始先跑到罚球线，再跑回底线，再跑到半场线，再返回底线，再跑到对面的罚球线，再跑回底线，再跑到对面的底线，再返回原来的底线结束。要求是每人连续跑3次，每次间隔1分钟，每次进行计时；每次必须在规定时间内完成。

耐力包括男子3000米跑和女子1500米跑，要求按年龄在规定时间内完成。

第二节 高校篮球运动竞赛活动的组织工作

一、篮球竞赛的意义

篮球运动百余年来表现出强大的生命力和影响力，与篮球比赛活动是密不可分的。篮球比赛攻守对抗的凶悍性和技艺化，激烈精彩，引人入胜。篮球竞赛是篮球训练实行社会价值的手段，是篮球运动员施展精湛技艺的乐园。优秀篮球队伍的比赛能吸引和获得社会的关注，给社会经济的发展注入活力。优秀篮球队的比赛更为人们所关注，成为现代社会文化的一部分，越来越深刻地影响着人们对社会生活和经济生活的追崇。篮球竞赛的意义主要表现在以下方面：

（一）有助于丰富文化生活的内容

篮球竞赛是社会的一种文化生活，参加竞赛本身就是一种锻炼健身的生活方式；观看激烈对抗的比赛，欣赏比赛中运动员所表现出的精湛球艺，也使人们的生活空间得到扩展；公平激烈的竞赛本身就传播着平等竞争的文明风尚，也鼓舞着人们对真实、自信、进取和创新的向往；竞赛过程的变化和比赛结果的不可预测，还给人们带来极大的乐趣，引发和满足人们对身体健康和美好生活的追求。

（二）可以促进篮球运动的发展

篮球竞赛活动可以促进篮球运动的发展，通过竞赛吸引更多人，特别是青少年参与篮球活动，从而可以在更大的范围内推广这项运动。通过竞赛可以检查篮球训练、教学的质量与效果以及组织者的实力与能力，促进篮球技战术水平的发展和身体素质的提高。

（三）有助于适应社会活动的需要

篮球竞赛作为一种特殊的手段，能够起到提高国家声誉、振奋民族精神和创造社会安定环境的作用；也能够起到改善和促进国家关系，以及充当和平友好及慈善使者的作用；通过竞赛，参与者还可以互相观摩，交流学习，增进友谊与团结，锻炼参与者的品质风格，培养团队精神，激发参与者的进取愿望。

（四）可以带动社会相关行业的发展

篮球职业性的竞赛作为一种经济行为，不仅为自身的生存发展创造了良好的物质条件，还为其他行业提供了机会。高水平、较大规模的篮球竞赛必然会促进举办地的基础设施得到资金，从而升级改善，促进当地其他相关产业的发展。如组织高水平的篮球竞赛，会使传媒业、旅游业、商业、餐饮业、保险业和公用事业等许多行业和生意兴隆起来，服务质量也会得到一定的提升。组织大规模的篮球竞赛，在为举办地扩大许多就业机会的同时，也会扩大举办地的影响。通过篮球竞赛，甚至还会影响到证券市场中明星运动员代言公司的股票的价格波动。

（五）有助于推动职业篮球的产业化

目前，随着篮球竞技水平的提高和社会经济的发展，篮球竞赛活动开始经由商业化过渡，朝着产业化发展。NBA 的经营效果，可以说为组织篮球竞赛从无经济效益向产业化转化树立了典范。在高水平的篮球队伍中，组织经营性的篮球竞赛，作为体育产业的一种形式，可使其成为社会经济生活的一部分。

二、高校篮球竞赛的组织与管理

篮球竞赛的人员多、规模大、竞争激烈，需要大量的人力和财力保障，组织竞赛要具备一定的条件和制度。竞赛组织工作是有目的地组织、指挥、控制和协调竞赛的过程，一般分为以下三个阶段：

（一）赛前的准备工作

赛前工作是制订组织竞赛计划和实施计划为比赛做准备的过程。这个过程贯穿从成立竞赛筹备组织起至比赛开幕止，其包括建立竞赛组织机构、确定组织方案、制定竞赛规程和拟订具体工作计划等。

1. 成立组织机构

要成立高校竞赛领导小组，即筹备委员会，筹备委员会负责竞赛的筹备工作。根据高校篮球竞赛任务和计划，讨论决定组织方案，它对竞赛的全过程起组织领导作用。

竞赛领导小组应提前制订工作计划，明确任务与分工。一般的竞赛组织形式采用组委会领导下的各职能部门具体负责制。组委会由主办和承办单位

的领导或代表、各职能部门的负责人、各代表队的领队组成,组委会一般下设以下职能部门并分工:

一般全国性比赛的组织机构相较复杂,组委会下辖仲裁委员会、竞赛处、办公处以及总务处四个部门。竞赛处由竞赛组、裁判组、场地器材组、技术统计组四个组共同组成;办公处由财务组和宣传组两个组共同组成;总务处由医务组、治安组、接待组三个组共同组成。

规模较小些的比赛或基层比赛组织结构比较简单,组委会由竞赛组、宣传组、后勤组三个部门构成。竞赛组下辖裁判组与场地器材组;宣传组下辖精神文明评选组与宣传组;后勤组下辖奖品组与保卫组。

组织机构中的每一个组成部门都有明确分工,比如,竞赛组主要负责的工作就是接受各队报名单、编印比赛秩序册、审查运动员资格、检查场地、设备、器材的准备情况、制定大会日程表以及绘制成绩记录表、裁判员安排表、参赛队赛前及休息日训练场地安排表等各种表格等。裁判组的任务主要是组织裁判员学习竞赛规程的有关条款;进行公正准确、无私无畏的职业道德教育;督促裁判员进行体能训练并进行必要的测试等。场地组负责的工作是按比赛要求布置场地、落实有关设备以及备好比赛用球及与比赛有关的拖把、干毛巾等物品。

2. 确定组织方案

赛前准备工作中,高校竞赛领导小组要对竞赛的任务、规模、水平、承办单位的"硬件"质量、"软件"质量、组织竞赛经费等情况有全面的认识。并且在此基础上,本着实事求是、精简高效和勤俭节约的原则,对竞赛期间各项活动内容做出计划和安排,对竞赛的各项收支规定标准做出预算。

3. 制定竞赛规程

高校竞赛规程是比赛的指导性文件和比赛的依据,要提前发给有关单位,让参赛队做好赛前的准备工作。高校竞赛规程内容主要包括竞赛名称、目的任务、日期地点、参加单位及人数限定、参赛者资格、报名及报到日期、竞赛办法、竞赛所采用的规则、名次评定和奖励办法、抽签日期及地点、注意事项等。需要注意的是,规程一旦经过审定,就应保证其严肃性与权威性。

4. 拟定工作计划

各个工作部门建立以后，应根据组织方案、竞赛规程和竞赛的主要工作日程计划，由各部门拟定具体工作计划，经组委会批准后执行。

（二）竞赛期间的工作

高校竞赛期间的工作是竞赛组织的中心工作，因为从比赛开幕到闭幕，所有工作都要在领导小组的领导下进行。这期间的工作可分为比赛活动的管理和非比赛活动的管理。

1. 比赛活动的管理工作

根据比赛的日程，安排好裁判员、记录台工作人员、技术统计人员和场地工作人员，使每一场比赛都能够按时进行。尤其是不能因为工作人员的疏忽而使比赛情况得不到正确及时的反映，更不能因为器材设备的故障而使比赛延误、停顿、脱节。要按照篮球竞赛的法规、规则来管理比赛，建立良好的比赛秩序，使参赛的篮球队能够在平等的条件下竞争。

比赛活动的管理关键在于裁判工作。裁判员的公正、公平和敬业态度反映了比赛的严肃性，鸣哨的准确程度体现了判罚的权威性，执法的松紧程度影响着比赛的对抗性，判罚时的待人态度影响着运动员的比赛情绪。因此要加强对裁判员队伍的管理，而除了赛前的学习教育之外，赛间的及时检查、小结与监控，也是保证比赛健康发展的重要措施。

除此之外，对赛场中可能出现的突发事件也要有充分的估计，竞赛、仲裁甚至安保部都要有相应的准备。

2. 非比赛活动的工作

在高校竞赛期间，有许多涉及各工作部门的非比赛活动需要进行组织管理，这些工作对整个竞赛有很大的影响，主要包括以下三个方面：

（1）开幕式、闭幕式。不管是隆重还是简单的开幕式和闭幕式，都应给予足够的重视。要做到明确主题、安排紧凑、场面热烈，以扩大篮球运动的影响，提高篮球运动的社会地位，加强篮球运动员的责任感。

（2）赛事服务工作。要组织好每次比赛后的新闻发布会，尽快地处理和传递当日比赛的各种信息，安排每场比赛中的赛间表演，同时做好对比赛场地器材设备的检查、保养和维修工作。经常对食堂进行食品卫生检查，预防肠道传染疾病的发生。对运动员、裁判员住地进行相应的封闭治保，避免闲杂人员的干扰,保证参赛人员的休息和安全。为参赛人员提供某些特殊的服务项目。

(3)对赛场观众的管理。因为篮球比赛观众多、场面大、人员杂,容易发生冲突,所以要做好文明观赛的宣传工作。对观众中可能出现的过激行为要提前准备好有效的应急措施,大型的竞赛还要组织好安全保卫和观众的疏导工作。除此之外,由于竞赛期间各种情况的复杂多变,还需要对各个工作部门的相互关系进行协调管理,以保证比赛更好地运转。

(三)赛后的管理工作

赛后的管理工作包括编制和印发总的比赛成绩表,组织召开闭幕式,宣布比赛成绩并颁奖;印发成绩册;对比赛技术资料处理归档;对比赛器材设备整理;对竞赛的收支进行财会决算;办理各队、裁判人员等的离会和交通事宜。

第五章 现代高校篮球运动的身心训练基础

第一节 高校篮球运动训练负荷与训练理念

一、高校篮球运动训练的基本理论

在高校篮球运动训练过程中,运动员应掌握运动训练的基本理论,合理安排运动负荷量,制订科学的运动训练计划,并对运动训练的效果进行有效考评。

(一)篮球运动负荷的基本要素

运动负荷是人们在运动实践过程中,机体所完成的一定工作内容的量度。"运动负荷是一个由多因素、多层次构成的系统,有其自身的规律与特点,任何运动项目的训练都必须掌握和遵循。"[1]运动负荷分为两种,即外部负荷和内部负荷。外部负荷是对人体施加的运动刺激,内部负荷则是机体在承受外部负荷时所表现出的内部应答反应。运动负荷可分为不同的种类,在教学中有教学负荷,在训练中有训练负荷。不管是何种负荷,如果对其进行定量分析,则可将其分为运动负荷强度和运动负荷量量化。

1. 负荷强度

负荷强度是指单位时间内或单个动作中所完成的训练量或所表现出的生理、心理负荷的反应量。运动负荷的强度反映了运动对于机体刺激的深度,其又被称为"运动强度"。在走、跑、游泳等一些周期运动项目中,运动的

---

[1] 张伟,肖丰. 高校篮球运动教学理论与方法研究[M]. 北京:新华出版社,2019:19.

速度即为运动强度。而非周期性运动项目中，运动强度即为用力的大小，是一次性阻力负荷的重量或单位时间内完成阻力负荷的总重量。

在运动训练中，为了准确了解和控制运动负荷强度，通常将心率指标作为控制运动负荷强度的重要方法。在篮球运动训练中，为了促使运动员达到相应的训练水平，负荷强度必须达到一定的阈值水平。

在运动训练过程中，有氧运动训练常用最大摄氧量百分比、最高心率百分比和梅脱来表示个人的相对运动强度，无氧运动训练中常用速度来表示运动负荷强度，力量训练中常用最大重复次数来表示运动负荷强度。

2. 负荷量

运动负荷量又称为"运动量"，是运动负荷对机体刺激的数量，一般由时间、次数、距离、重量组成。

第一，时间即为运动训练的总时间，如训练课的时间、一次练习所能坚持的时间等。

第二，次数即为练习相应的技术动作的次数。

第三，距离多用于周期性项目的负荷量的表达，如走、跑、游泳等，以一定速度完成一段距离或总距离量。

第四，重量是指完成练习的总负荷重量。

在篮球运动训练中，运动员随着训练水平的不断提高，其训练的负荷量也变得越来越重要。训练中，必须达到相应的负荷量，这是达到不断提高水平的重要前提。

3. 负荷强度与负荷量的运动效应比较

在运动训练过程中，负荷量所引起的人体反应是相对较为缓和的，其所产生的适应程度也较低，但相对稳定，消退也较慢。负荷强度刺激所引起的机体反应比较强烈，可较快地提高机体各器官系统的机能，而且所产生的适应性影响也比较深刻，但是机体获得的适应并不稳固，消退也较快。

负荷的量与强度彼此依存并相互影响。负荷量是基础，负荷强度是关键。篮球运动员要想提高运动水平，对于高水平运动员而言，应加大训练负荷强度，使机体机能水平达到最高。大众在进行业余篮球运动训练时，应在安全的负荷强度范围内，达到一定的负荷量，这样才能达到相应的锻炼效果。

4. 负荷强度和负荷量的比例分配

在开展篮球运动训练时，会根据篮球比赛来安排相应的运动训练计划，制定相应的训练目标。不同阶段的训练任务也不同，则其负荷强度与负荷量的比例分配也有所不同。

对于新手而言，在训练初期，要低强度小量；随着机体对篮球运动的适应，要保持强度，逐渐增加负荷量，继而再保持负荷量逐渐增加负荷强度，到最后同时增加负荷量和负荷强度达最佳运动负荷范围。

（二）篮球运动的负荷特点

篮球运动比赛尤其鲜明的特点，可将篮球运动的负荷特点归纳为如下四方面：

第一，在一场篮球比赛中，运动员总的跑动距离在6000米左右，不同位置的球员会有一定的差异性，一般中锋球员跑动距离相对较少，而后卫和前锋跑动相对较多。篮球运动场地相对较小，并且在进攻和防守时会有一定的时间限制，身体接触较为激烈，对于运动员的能量消耗较大。另外，在篮球运动比赛中会频频进行换人，从而使得运动员能够得到充分的休息。这些都在一定程度上限制了篮球运动员的跑动距离。

第二，篮球运动比赛中，运动员以无氧和有氧混合供能，中低强度的有氧供能75%左右，高强度及冲刺跑所占比例较少，不到10%。

第三，不同位置的球员，其无氧供能跑动距离也不同。一般中锋球员无氧跑动很少，而前锋和后卫则相对较多。

第四，篮球运动员在比赛过程中，不同位置的球员在跑动的范围上也会有一定的差别。前锋球员和后卫球员的活动范围较大，其会在整个前场范围跑动，中锋的活动范围相对较小，主要在3秒区、篮下范围内活动。

二、高校篮球运动训练负荷的合理安排

（一）篮球运动训练中负荷的安排

1. 渐进式地增加负荷的量度

在篮球运动训练过程中的不同阶段，应对运动训练的负荷量和负荷强度进行相应的调整，通过不断加大运动负荷来达到理想的训练效果。运动训练过程中，增加运动训练的负荷可采用以下四种形式：

（1）直线式递增。在安排训练负荷时，采用直线式增加运动负荷的方法对于运动强度的增加并不明显，主要是在运动的练习时间、次数、距离等方面的增加，即为运动负荷量的增加。这一负荷增加的方式多适用于刚开始运动训练的球员，其起点相对较低，需要逐步提高。

（2）阶梯式递增。阶梯式递增运动训练的负荷即在运动训练过程中，练习一段时间之后，增加一次负荷，然后练习和保持一段时间。采用这一负荷增加的方式时，若以日为单位，负荷呈阶梯式上升；若以周为单位，负荷则表现出斜线上升的趋势。这种增加运动负荷的方式适用于不同训练阶段的球员。

（3）波浪式递增。在运动训练时，对运动训练的负荷进行波浪式递增，负荷的增加有一定的起伏，每一次安排较低的负荷时，要比上一次训练的最高负荷低一些，使得训练效果不断巩固提高。这一运动训练负荷增加的方式既能保持相对较高的运动负荷量，同时又能使机体得到相应的休息。在篮球运动训练过程中，这一训练方式适用于不同训练阶段的运动员。

（4）跳跃式递增。运动训练负荷的跳跃式递增主要适用于优秀运动员。在运动训练过程中，长期的运动训练会使球员的各组织、器官形成一定的生理模式，保持在相对较高的水平，但是也限制其进一步发展。这时通过突然增加运动负荷量，能够对机体产生有效的刺激，从而促进球员运动水平的提高。通过进行跳跃式增加运动训练负荷，能够使机体的平衡被打破，促使新的内部联系的建立。

2. 科学地探求负荷量度的临界值

在运动训练过程中，运动员都会有相应的运动负荷量度临界值，不同的运动员，其负荷量度临界值会受运动水平、发育程度等的不同而不同。同时，健康状况、心理状态和休息情况等方面都会对其运动负荷临界值产生相应的影响。因此，在进行篮球运动训练时，为了保证训练的科学性，应对其负荷量度临界值进行科学测定。在运动训练过程中，应注意如果不能准确掌握运动负荷临界值，则应在训练负荷安排时留有一定的余地，避免出现过度训练。

在篮球运动训练过程中，增加运动负荷会促进运动员运动水平的提高，并且运动训练的负荷越接近运动员所承受的能力极限，则其训练的效果往往也会越显著。因此，在运动训练时，应准确掌握每个运动员的负荷量度的极限。

3. 正确处理负荷与恢复的关系

在篮球运动训练过程中，人体的能量消耗会增加，并且随着运动负荷的增加，人体能量的消耗也会增多。在运动训练之后，球员会出现一定的运动疲劳。不管是球员还是教练员，均应妥善处理负荷与恢复的关系。

运动训练离不开积极的恢复，如果运动员不能得到有效的恢复，会使训练效果受到一定的影响，不利于运动训练的开展。相关的运动训练理论甚至认为，训练的效果正是在机体的恢复阶段显现的，通过训练之后的恢复促进了人体机能的巩固和提高。

在篮球运动训练过程中，为了取得良好的训练效果，应注重运动员的恢复。在制订相应的运动训练计划时，统筹规划，注重运动员恢复的安排。

4. 建立科学的诊断系统

在篮球运动训练过程中，由于不同的球员其生理状况和运动训练水平会有一定的差异性，这就使得即使相同的运动训练负荷，不同的球员也会有不同的训练效果。另外，运动负荷还受到多方面因素的影响。为了在训练过程中了解球员的具体状况，科学安排运动负荷，应建立科学、完善的诊断系统，选取可靠的指标，在恰当的时间用科学的方法客观地进行准确诊断。

5. 注重超量负荷与应激原理的应用

在篮球运动训练过程中，应注重超量负荷与应激原理的应用。

超量负荷原理即为在运动训练过程中，训练负荷不应停留在一个水平上，而是应该不断提高运动负荷的水平，打破机体对于原先运动负荷的适应和平衡，从而适应新的负荷水平。

超量负荷的生理学基础即为应激学说。这一理论认为，应激是人体对于超乎寻常的刺激的一种生理和心理的结合反应。例如，当人体受到冷、热、痛等刺激时，身心会产生相应的刺激反应。球员在训练和比赛过程中，其所遇到各个方面都可能是引起运动员应激状态的应激源。在运动训练过程中，超量负荷是一种超乎寻常的刺激，会导致运动员发生相应的应激反应。

（二）篮球运动负荷的指标

在制定相应的运动负荷时，可通过相应的指标来对其进行衡量，这些指标能够在一定程度上反映负荷对机体刺激的大小，对于科学安排负荷量具有重要的意义。

1. 摄氧量与耗能量

在运动时，人体的摄氧量和耗能量都会急剧增加。通过对运动时的实际摄氧量和耗能量进行分析，能够了解运动负荷情况。

（1）摄氧量。摄氧量是机体摄取并被实际消耗或利用的氧量。需氧量则是人体为了维持相应的生理活动所需要的氧量。在安静状态下，需氧量与摄氧量是相当的。当运动状态下，需氧量会增加。在运动实践中，常常使用摄氧量反映运动强度。

（2）最大摄氧量百分比和摄氧量储备百分比。最大摄氧量百分比是运动时的摄氧量占其最大摄氧量的百分比，这是近年来更多使用的反映负荷强度大小的指标。

2. 最大肌力

在进行一些力量性运动训练时，运动负荷强度通常采用最大肌力百分比（%1RM）来作为参照。1RM 是指运动员能够一次成功推举的最大重量。若运动员的 1RM 重量是 100 千克，80 千克负重强度则是 80%1RM 强度。在运动训练过程中，应对 1RM 进行科学测量。

3. 心率与脉搏

心率是反映运动负荷大小的常用指标。在一定的生理范围之内，随着运动负荷强度的增加，心率也会随着升高。心率的监控经常被用作健康负荷强度的有效指标。

（1）最高心率公式。较为科学估算最高心率的公式为：最高心率 =208-（0.7× 年龄）。在运动训练过程中，通过对运动员恢复期的心率进行分析，能够对运动量进行相应的判断。具体如下：

第一，一般人体在进行小负荷量运动后，心率 5～10 分钟即可恢复到安静水平。

第二，中等负荷量运动后，心率 5～10 分钟不能完全恢复到安静水平，仍较运动前快 2～5 次 / 分钟。

第三，大负荷量运动后，心率 5～10 分钟未完全恢复，仍较运动前快 6～9 次 / 分钟。

人体的最高心率具有一定的差异性，运动员在进行运动训练时，负荷强度可根据最高心率和安静心率来进行确定。人体运动时的最高心率与最低心率（安静状态）之间的差值为储备心率（HRR）。可用储备心率百分比（%

HRR）来表示运动强度，即100%HRR为最大运动强度。在不同的运动训练阶段，训练的目的和任务不同，则运动负荷强度也会有一定的差别。

（2）脉搏。在不同的状态下，人体的脉搏是不同的，通过对运动前后的脉搏进行测量，能够掌握运动负荷情况。

第一，基础脉搏和相对安静脉搏。基础脉搏和相对安静脉搏是评价机体对身体训练负荷适应性的重要指标之一。基础脉搏和相对安静脉搏可用以评价一段时间内锻炼负荷安排的大小。如果连续几天发现基础脉搏偏高，则说明这一时期运动负荷过大，身体有疲劳感存在，需要休息或需调整运动形式。

第二，训练活动结束后的脉搏。运动训练结束后的脉搏测定对于了解运动负荷的适应情况很重要。每次运动训练结束之后在固定的恢复期内测定脉搏，绘出恢复脉搏曲线。在积累较多数据的基础上，可用以分析和评价负荷安排及身体恢复情况。

4. 血压及心功能指数

人体的血压保持在一定的区间之内。在运动训练过程中，人体的血压也会出现一定的波动，能够反映出运动负荷的适应情况。如果发现清晨血压较平时增加20%，而且血压有明显的上升趋势，在排除疾病因素以后，则可能是运动量过大。

心功能指数是根据安静时的心率和血压计算出来的。心功能指数=[心率×（舒张压+收缩压）/100]。心功能指数是对心脏和血管功能的反映，如果指数在140左右，则处在正常的范围，超过200则可能会运动负荷过大。

5. 血尿素

人体蛋白质代谢之后会产生血尿素，通过测定血尿素水平，能够了解运动训练负荷的大小。通过对运动员的血尿素进行纵向检测，能够观察其恢复情况。血尿素检测时需要注意以下两个方面：

（1）在训练课结束后20分钟内采血测定，与运动前相比，增加值超过3毫摩尔/升时，说明运动量过大；增加值为2毫摩尔/升左右，说明运动量适中；增加值只有1毫摩尔/升左右，说明运动量很小。

（2）次日清晨取血再测，一般能降到8毫摩尔/升以下表明恢复良好，训练量适宜，没有明显下降或仍高于8毫摩尔/升表明训练量过大。

6. 血乳酸

在现代运动训练中，血乳酸是在运动员训练监控中应用最多、最广的评价训练负荷强度的指标。在运动训练过程中，在不同运动训练阶段和运动强度下，运动员的血乳酸含量不同。

（1）在运动训练过程中，人体的磷酸原供能系统首先被动员，糖酵解系统供能比例较低，血乳酸水平较低。"磷酸原系统是由细胞内的 ATP 和磷酸肌酸这两种高能磷化物构成的。它具有绝对值不大、持续时间很短，但供能速度快的显著特点。ATP 是细胞唯一能直接利用的能源，其能量输出的功率也最高。在篮球的跳投等爆发性的动作中，全部依靠 ATP-CP 的贮备供能。"[1]

（2）如果运动训练强度低于最大有氧代谢能力强度时，肌肉乳酸生成后就会很快被氧化，血乳酸不会大幅度升高，一般都在 4 毫摩尔/升以下。

（3）当运动训练强度达到某一个水平，有氧代谢不能满足运动需要时，糖酵解水平迅速升高，乳酸开始大量生成。此时的运动强度水平被称为"乳酸阈"。无氧代谢又被称为"糖酵解"，是糖原或葡萄糖无氧分解生成乳酸，并合成 ATP 的过程。糖酵解供能是机体进行大强度剧烈运动时的主要能量系统。[2]

检测运动训练之后血乳酸指标的变化，能够区分有氧训练（有氧氧化供能）和无氧训练（磷酸原供能或糖酵解供能），并且血乳酸水平随训练负荷强度的增加而增加，血乳酸的监测能够帮助运动员调节和控制训练负荷强度。对血乳酸指标进行监测时，采血时间根据运动强度的不同而进行安排：以有氧供能为主的较低强度，运动后 3～5 分钟，结束后 20 秒左右采血监测；以有氧供能为主的中等量强度，在运动 6～10 分钟后，运动后 1～6 分钟采血监测；以无氧供能为主的高强度，在运动 10～20 分钟后，运动后 3～12 分钟采血监测。

7. 血清肌酸激酶

肌酸激酶（CK）是骨骼肌细胞中能量代谢的关键酶之一。血清 CK 活性的变化是运动训练中评定肌肉承受刺激和骨骼肌微细损伤及其适应与恢复的生

---

[1] 陈杰. 篮球运动教学理论创新与实战技巧研究 [M] 北京：中国原子能出版社，2019：5.

[2] 陈杰. 篮球运动教学理论创新与实战技巧研究 [M] 北京：中国原子能出版社，2019：6.

化指标。运动负荷强度越大，运动中肌肉的物理损伤（如冲撞、挤压等）越重，血液中 CK 水平的升高越显著。不同强度运动血清 CK 一般变化情况也有所不同：长时间激烈运动后，0～2 小时内血清 CK 活性轻度增加，6～8 小时显著增加，16～24 小时达到峰值，48～96 小时恢复到运动前水平；短时间极限运动后，5～6 小时内血清 CK 活性升高，8～24 小时达到峰值，48 小时后逐渐恢复；短时间小强度地持续运动后变化不大。血清 CK 水平存在一定的个性差异，这一指标主要用来进行纵向对比。

8. 尿蛋白

在进行长时间高强度的运动训练之后，尿液中会出现大量的蛋白质，经过一定的休息之后会逐渐消失。不同人的个体差异较大，这一指标应进行个人纵向对比。

（1）尿蛋白阳性率和尿蛋白量随运动负荷强度的增大而增加。

（2）尿蛋白具有相对稳定性，相同个体在完成相近的运动强度时，运动后尿蛋白的含量相对稳定。

（3）当训练水平提高后，尿蛋白量则减少。

需要注意的是，尿蛋白指标受多方面因素的影响，精神紧张、身体缺水等都会引起尿蛋白的异常升高。

（三）高校篮球教学中运动负荷的生物学监控

篮球教学是体育教学的重要组成部分，担负着传授篮球知识和技能、增进学生健康等多方面的职责。因此，教师在进行篮球教学时，应注重合理安排篮球运动负荷。

1. 篮球教学负荷特点及监控意义

篮球教学负荷是学生在学习和掌握篮球动作技能的各种活动中，或在提高运动能力的锻炼中，机体所承受的运动负荷。高质量的篮球课有赖于教学负荷的合理安排。

（1）形成特点：在学习和掌握动作技能的教学活动中形成。

（2）负荷性质特点：以技能性负荷为主，体能性负荷为辅。

（3）负荷水平及特点：负荷量为中小水平，比较稳定。

（4）负荷大小的主要影响因素：学生掌握技术的基础越好，所学技术的复杂程度越低，教学负荷强度越小；反之亦然。

(5) 负荷后机体的恢复特点：一般较快，主要取决于教学负荷的大小。

2. 篮球教学负荷监控的内容与方法

监控篮球教学负荷的意义在于：了解学生对篮球教学负荷刺激的反应与适应特征，为科学安排篮球教学负荷阈提供依据，以获得预期的篮球教学效果。

安排适宜的篮球教学负荷能够使学生机体产生良好的适应反应，增强学生的体质，提高健康水平。这是现代体育教学的重要目的之一。在一节篮球课中，教学负荷的变化过程应体现出由小到大、由低到高，再由大到小、由高到低的特点。监控教学负荷的主要方法有：观察法、自我感觉法和生理指标监测法等。观察法所观察的内容主要是面部肤色、呼吸、完成动作、注意力、出汗、自我感觉六个方面。

在篮球教学过程中，教学负荷监控可根据实际条件选择具有较高应用价值的简便、易操作的指标进行监控，如心率指标。通过监测篮球课上和课后的心率值，来反映学生对负荷强度的适应情况，进而对负荷强度进行调整。通常一堂篮球课由准备部分、基本部分和结束部分组成。通过将学生一堂篮球课的心率变化描绘成心率曲线是评定教学负荷普遍采用的方法之一。

需要注意的是，篮球教学任务的不同，对负荷的标准也会不尽相同。在篮球教学负荷监控中，应该根据不同的课程类型对教学负荷进行有针对性的监控，具体要求根据篮球教学课程类型的不同，对教学负荷的要求也随之发生变化。

3. 篮球教学外负荷的调整方法

通过对篮球教学的负荷进行监控，若发现学生的运动生理负荷反应没有达到教师预先设计的要求时，可采取下列方法来调整运动负荷：

(1) 改变练习内容。在篮球教学中，教学内容越简单，负荷越小，反之越大。

(2) 改变练习重复的次数和练习的密度。通过增加训练次数使负荷量增加。

(3) 改变练习的顺序和组合。对篮球课程内容进行重新组合也会对负荷量产生影响。

(4) 改变练习的条件。在运动训练中，通过改变练习的条件、标准等来对负荷进行调整。

(5) 延长或缩短休息间歇。若缩短运动训练之间的间歇，则负荷量会增大。

（6）积极性休息要比静止不动负荷大，但能够促进机体的恢复。通过积极性休息，可以缓解机体疲劳。

三、高校篮球运动训练计划的制订

（一）多年训练计划

多年训练计划是篮球运动员训练和球队训练的总体规划，一般为 4 年或更多。其内容主要如下：

第一，提出多年训练的目的和任务及逐年需要达到的目标。

第二，根据竞赛制度和比赛的时间，将多年训练计划分为相应的年度训练计划，并提出各年度训练任务和重点。

第三，通过多年训练，培养本队的风格和主要战术。

第四，提出对于运动员技战术、身体训练方面的总要求以及篮球理论方面的重点。

第五，各阶段、各时期训练内容纲要和所占比重与时间。

多年训练计划的形式以文字阐述并结合表格，内容要能够反映出多年训练发展过程的基本规划。

（二）年度训练计划与组织

年度训练计划安排全面的训练，并且以相应的重大比赛为出发点，来制订相应的计划。年度训练计划应明确所要达成的总体目标，明确全面训练的阶段划分，明确全面运动训练的负荷曲线。在全年总体任务与要求的前提下，具体落实到各个时期、各个阶段的相应训练。在进行年度训练计划安排时，应统筹安排，科学布置，使得各方面的工作相协调。

（三）阶段训练计划与组织

阶段训练计划是全年训练计划的具体细分，不同的训练阶段，会有不同的训练任务。在阶段训练计划中，短期的集训是相对较为独特的一种形式。

1. 大周期阶段训练

大周期阶段训练以比赛为出发点，分为准备期、比赛期和过渡期三个具体的训练阶段。

（1）准备期。准备期是全年训练的重要阶段，可分为一般准备阶段和专项准备阶段。在一般准备阶段，运动员积极促进身体能力的提高。在专项准备阶段，则主要提高运动员的专项竞技能力。

（2）比赛期。在比赛期，最重要的任务就是要促使球员达到最佳的竞技状态。在赛前阶段，积极对竞技能力的各项要素进行专门训练；在比赛阶段，则注重竞技状态的保持。

（3）过渡期。过渡期是比赛期结束之后的阶段，应保证与大周期训练之间的良好衔接。过渡期的训练避免过度疲劳，注重积极休息恢复。

2. 赛前中、短期集训

在比赛之前，一般会进行一些中、短期的集训，以适应比赛的需求。其具有鲜明的特点：

（1）阶段集训计划的结构及负荷特点。中、短期集训可分为若干个周训练计划，每周的训练都有各自的特点，并且彼此衔接，最终使得运动员的各方面都能适应比赛的需要。

（2）集训中的区别对待。中、短期集训时，一些运动员可能之前一段时间并没有进行运动训练，这就需要注意负荷的合理安排，分析每个运动员在集训之前的训练情况，进行区别对待。

（四）周训练计划与组织

周训练计划是以周为单位安排的训练，是课时训练计划的上一级计划，是阶段训练计划的下一级计划。合理制订和实施周训练计划，能够保证阶段训练计划的实现，也使得课时训练计划能够有的放矢。

1. 基本训练周的计划与组织

（1）基本训练周的主要任务。在基本训练周，通过运动训练实现学生和运动员对于新负荷的适应，促进其运动水平的不断提高。

（2）基本训练周训练内容的结构特点。基本训练周的训练内容可根据运动训练负荷量增加的基本规律来安排运动训练的负荷，可安排不同内容、不同负荷的交替进行。

第一，基本训练周的课次安排。对于青少年儿童而言，基本训练阶段初期可安排每周2～3次训练，随着其水平的提高，而逐渐增加训练负荷。

在具备一定的训练基础后，通常每日进行两次训练课，一次为基本课，注重竞技能力的提高，另一次则为补充课，训练内容相对较为广泛。在周训练计划制订时，应确定大负荷训练的次数，一般应在一周中安排3～5次大负荷课，促进超量恢复的出现。经过良好的恢复和休息，达到良好的效果。

第二，基本训练周负荷的变化。在运动训练时，运动员一般需要1～3天才能够充分恢复。因此，可在星期三或星期四来安排一些小负荷强度的运动训练，而一周的前期和后期则安排一些相对负荷强度较大的运动训练，使得休息与恢复良好结合。

周运动负荷的加大是基本训练周负荷变化的主要特点。只有加大负荷，才能引起机体更深刻的变化，产生新的生物适应。加大负荷的途径主要有三种：①增加负荷量，同时负荷强度保持不变或相应地下降；②提高负荷强度，负荷量保持不变或相应地减少；③负荷量和负荷强度都保持不变，通过负荷的累加效应给机体以更深的刺激。

2. 赛前训练周的计划与组织

（1）赛前训练周的主要任务。赛前训练周的主要任务是使球员的机体适应篮球比赛的要求和条件，把长期运动训练过程中所获得的各个方面的竞技能力，集中到篮球运动比赛所需要的方向中去。

赛前训练周主要用于比赛前的专门训练准备。比赛前的准备期一般不做专门准备，只是在正常训练的基础上稍加调整，或安排一两周介于基本训练周和赛前训练周之间的训练。在比赛周之前的临近比赛期，则通常连续安排几个赛前训练周，以便运动员充分发挥其竞技能力。

（2）赛前训练周训练内容及负荷结构的特点。赛前训练周应合理进行训练内容的交替，使得球员能够保持系统的持续训练，促进其竞技能力的发展。赛前训练周的训练计划比基本周的训练更加专项化，更加接近篮球比赛的基本特点。在运动训练过程中，为了适应比赛的需要，球员的专项素质训练的比例增加，注重训练的成功率和稳定性。

在赛前训练周，篮球运动员应积极提升自身的战术运用能力，在训练过程中应增加实战训练的比例。在运动训练中，球员多人配合和全队战术训练的比例增加。

在进行赛前训练时，训练的负荷强度会相应地提高，负荷量会出现一定的下降，这样可以提高运动训练的效率。如果运动训练的负荷量本来就不高，则保持负荷量不变的前提下，积极促进运动训练的负荷强度的增加。

在赛前训练周，运动训练的负荷强度应有所提高，使得运动员在身心两方面均有所准备。当然，负荷量和负荷强度不能同时增加，这会使得运动员的疲劳增加，导致局部或整体性运动疲劳的出现，从而不利于运动员保持较高的竞技状态。在运动训练之后，还应注重加强恢复措施。

3. 比赛周的计划与组织

（1）比赛周训练的主要任务。比赛周训练的主要任务就是让运动员保持良好的竞技状态，为篮球比赛做好相应的准备和调整，保证在比赛过程中有良好的发挥。

确定比赛周的时间段时，可以采用倒计时的方法，将比赛日作为最后一天，倒计时一个星期。在进行篮球比赛之前，应在比赛周做好最后阶段的调整。

比赛周进行训练时，在注重自身球队风格发挥的基础上，还应注重对对手的技战术风格进行分析。在比赛周，应根据对手的情况制定相应的战术打法和对策，找出对方的弱点，在此基础上开展有针对性的运动训练。如果是参加一些训练性的比赛，并不追求相应的名次，可不必进行专门的准备，只需按照正常的节奏进行训练即可。

（2）比赛周训练内容及负荷结构的特点。在运动训练过程中，比赛周的训练应使球员在比赛的时候处于最佳竞技状态。在运动训练过程中，超量恢复所需的时间会因训练的内容、负荷的不同而产生变化。因此，在比赛周进行训练时，应进行科学的设计，使球员出现超量恢复的时间与运动比赛相协调，促进其在比赛中更好地发挥。

综上所述，在比赛周安排相应的训练，最终目的是使球员在比赛时保持最佳的竞技状态。在运动训练过程中，会根据比赛的特点以及球员的个人特点来进行多样化的负荷组合。一般赛前训练的负荷水平并不高，尤其是当预期到比赛竞争激烈时，会降低训练的强度和负荷量。对于受到伤病困扰的球员，更应注重其积极恢复。

4. 恢复周的计划与组织

恢复周的任务是通过降低训练负荷量度以及采取各种恢复措施，消除球员身心两方面产生的疲劳，以求尽快地使球员能够积极恢复状态。对于篮球运动员而言，经过比赛，尤其是竞争激烈的比赛，其竞技水平会向着更高层次发展，这时经过相应的训练，会使其竞技水平得到巩固和提高。

（五）课时训练计划与组织

训练课是运动训练的基本组织形式，各项运动训练工作最终都要落实到相应的训练课程中。训练课是训练计划最基本的构成部分，通过认真执行训练课时计划，训练的效益逐渐积累，由少到多，从而最终实现训练目标。因此，训练课虽然"小"，但是其完成的质量直接关系到球员能力的提高和发展。

1. 训练课的类型

根据训练的主要任务和内容，可以把训练课划分为以下五种类型：

（1）技战术训练。安排在训练的准备期和比赛期，课程的负荷视任务的不同而异，如学习与掌握技战术时负荷较小，而量较大；为适应比赛的需要，巩固与提高技战术水平，则负荷强度较大，并安排适当的训练量。

（2）身体训练。通常分为一般身体训练和专项身体训练，大都安排在训练的准备时期进行。主要是通过多种训练方法和手段，发展球员的一般和专项运动素质，提高和保持身体训练水平，负荷相对较大。身体训练在大周期中的准备期第一阶段安排得较多。这类训练课除用作提高和巩固球员的体能水平外，其他训练时期内有时也将其作为调节球员训练负荷节奏的课来预先安排。

（3）测验课与比赛训练。大多安排在准备期后半段和赛前训练中，在一个阶段结束时，也大都安排测验课，以检查训练效果，为下阶段的训练课安排提出依据。比赛训练课负荷强度要大，甚至达到或超过比赛强度。在某些时候，这种负荷对球员身体的刺激相当强烈。

（4）综合性训练。包括上述三种类型课中的两种以上内容的课。这种课在训练过程中安排得比较多。在课上通常将不同的内容交替安排进行，有利于促进各项运动素质与运动技能的积极转移。

（5）调整性训练。通常安排在训练的过渡时期，在一个阶段大负荷训练结束和激烈比赛后也穿插安排。这类训练课的负荷较小，主要采用某些技战术练习或其他运动项目作为训练的恢复手段，消除球员的疲劳感。

2. 训练课的任务及特点

（1）训练课的任务。

第一，提高球员的身体素质和机能。

第二，掌握篮球训练和比赛所需要的知识和方法，培养球员具有独立训练和参加比赛的能力。

第三，掌握和提高篮球运动技术和战术，并达到运用自如的程度。

第四，培养球员必需的心理素质。

第五,培养球员优良的道德品质、勇敢顽强的拼搏精神。

(2) 训练课的特点。要重视集体训练和个人训练的结合。篮球运动是一项集体性运动项目,需要队员之间进行协调配合,因此在训练时,应注重集体训练。不同的球员具有不同的个性特点,还应注重个人训练,促进个人水平的提高。

3. 训练课的组织

训练课的组织主要有运动员的组织、作业组织、课的时间和负荷安排四个方面。

运动员的组织有两种形式:集体训练形式(队或小组)和个人训练形式。在实践中常常将两种形式结合在一起执行。在一次课中既有集体练习,也有个人训练。作业的组织是指训练课作业进行的程序及作业内容的组织,一般是先进行基本技术练习,后进行战术配合、全队战术练习和比赛训练。根据练习程序及内容,采取个人、小组、全队的组织形式进行训练。

合理安排训练课的运动负荷,对训练课的效果具有重要作用。在制订某一次训练课计划时,要力争做到以下两点:

(1) 训练内容要有足够的难度与要求,使之能成为促进运动员运动机能的有效刺激因素。

(2) 要使训练计划与运动员的训练水平和机能状态相适应。

4. 训练课计划的运用

在制订课时训练计划时,根据训练的实际来对课时训练计划进行设计。

四、高校篮球运动训练效果的考评

(一) 运动训练效果考评的作用

1. 为科学制订教学和训练计划提供必要的依据

在进行教学和训练过程中,会制订相应的教学和训练计划,提出相应的教学和训练目标。通过开展教学和训练,就是要逐步达成相应的目标。通过对教学训练的效果进行积极考评,能够了解目标实现的程度,对学生和运动员的具体情况有一个全面的了解。

2. 为调控教学训练过程提供依据

通过开展相应的教学训练,学生和运动员的身体素质、技能掌握情况等都会发生相应的变化。这就需要教师和教练员结合具体实际情况,具体问题具体分析。通过及时对教学训练的效果进行考评,能够从学生和运动员那里获得相应的反馈信息,掌握教学和训练方面的不足之处,及时对教学和训练的方法、手段乃至计划等方面进行调整,从而实现教学和训练的优化发展。

(二)篮球运动训练效果考评的实施

1. 测评身体素质的方法

(1)速度素质。运动员的视觉反应速度能够借助专门的测定仪器进行测定,一般速度可以用 100 米、200 米短跑成绩来测定。对运动员的转向速度进行测定时,要把篮球的专项特点综合考虑在内,测定方法有变向跑、30 米跑、短距离滑步、直线、曲线运球以及折回跑等。

(2)力量素质。篮球运动员的上下肢力量、握力以及背力能够通过专门的测力计来测量。在没有测力计的情况下,腹肌力量能够通过仰卧起坐来测量,上肢力量能够通过引体向上与俯卧撑来测量。对篮球运动员的专项力量进行测定时,还要注意与篮球专项特点的结合。例如,运动员的下肢力量和弹跳力能够通过助跑摸高与原地纵跳来测定;前臂、手腕以及手指的力量能够通过标准投篮的投远与投准来测定;臂力能够通过篮球传远来测定。

(3)柔韧素质。柔韧素质对篮球运动员来说是十分重要的专项素质,良好的柔韧素质能够帮助运动员增大运动幅度,预防运动损伤。运动员不同部位柔韧素质的测量方法具体如下:以纵、横劈腿时臀部与地面距离为依据,对髋部柔韧性进行评定;测量运动员肩部柔韧性时,以双手握棒或绳向后和向前做翻手动作时,双手之间的距离为依据进行评定。

(4)耐力素质。测量运动员一般耐力的方法主要是 300 米跑与越野跑。测量运动员专项耐力的方法主要是二人直线全场反复传球练习以及反复滑步练习与折回跑。

想要对篮球运动员的身体训练水平进行科学专业的测评,就需要用到专门的评分表。例如,累积计分法或标准百分法(统计)等,以测定所得数据查表为依据就可以对运动员的训练水平进行评定。

2. 测评技术水平的方法

(1)基础技术水平。对篮球运动员的基础训练水平进行测评的主要方法有以下六点,这些方法都是通过对大量的实践进行分析而总结出来的:

第一,脚步移动。

第二,"之"字形跑。

第三,综合运球。

第四,跳投。跳投也可称为"十点二十次跳投"。

第五,摸高。摸高也可称为"跨步双脚起跳摸高"。

第六,传球。传球也可称为"对墙双手胸前快速传接球"。

(2)攻防技术水平。在实践中,主要是通过统计篮球比赛的技术情况,并以此为依据来对运动员的攻防技术进行测评。主要测评方法如下:

第一,助攻。篮球运动员在运球或持球过程中,为方便队员找到投篮机会而进行巧妙的传球就是助攻。运动员配合意识的强弱、掌握与运用技术的能力可以通过助攻的次数集中反映出来。

第二,抢断球。防守队员将对方手中的球抢到手、将对方手中的球打掉或截获传球后把球牢牢控制住就是抢断球。在篮球比赛的防守过程中,运动员防守主动性、攻击性以及积极性的程度能够通过抢断球次数集中反映出来。

第三,投篮次数。篮球比赛中一方篮球队投篮的多少就是投篮次数。篮球比赛中,失误次数与攻守速度的快慢主要由投篮次数决定。攻守回合随比赛速度的增加而增加。投篮次数随投篮失误的减少而变多。

第四,比赛效率。运动员或篮球队在篮球比赛中的效果就是比赛效率。投中1球、罚中2分,协防、助攻、抢断球、抢到篮板球等一次各计正1分。违例、失误、失守等一次各计负1分。计算运动员的比赛效率的方法为:正分与负分相加与该队员上场时间之比。比赛效率的计算公式为:个人效率数=[(个人正分)+(个人负分)]/该队员上场时间;全队效率数=[(全场正分)+(全场负分)]/200分钟(一场比赛时间)

第五,罚球命中率。罚中次数与罚篮次数之比就是罚球命中率。罚球命中率的计算公式为:罚球命中率=罚中次数/罚球次数×100%。

第六,投篮命中率。投中次数与投篮次数之比就是投篮命中率。投篮命中率的计算公式为:投篮命中率=投中次数/投篮次数×100%。

第七,篮板球获得率。本方获得篮板球次数与双方总篮板球次数之比就是篮板球获得率。篮板球获得率的计算公式为:篮板球获得率=本方获得篮板球次数/(本方获得篮板球次数+对方获得篮板球次数)×100%。

第八,防守成功率。比赛中防守成功次数与防守次数之比就是防守成功率。防守成功率的计算公式为:防守成功率=防守成功次数/防守次数(对方进攻次数)×100%。

第九，进攻成功率。积分与进攻次数之比就是所谓的进攻成功率。进攻成功率的计算公式为：进攻成功率＝总积分／进攻次数×100％。

第十，失误和违例。失误和违例是指控制球的队员由于个人行动不当而失去控球权。运动员或一个队技术水平的高低以及在篮球比赛中运用技术的能力，能够通过失误和违例次数的多少集中反映出来。

3. 测评战术水平的方法

测评运动员的战术水平时要以运动员在比赛中采取的战术的合理性和战术具有的意义为依据，主要分为进攻与防守两个方面的测评。

（1）进攻战术。对进攻战术进行测评的主要内容有：运动员的攻击、配合与助攻传球的意识；运动员攻击、配合与助攻传球的能力；对位置的调整能力等。

（2）防守战术。对防守战术进行测评的主要内容有：运动员的防守策略与能力；运动员的协助防守意识与能力。

五、高校篮球运动训练理念及其构建

参加篮球运动训练，除了要求参与者具备一定的身体素质和基础技能外，还要建立一定的科学训练理念。以科学的训练理念作指导，才能保证整个篮球训练活动顺利进行，才有利于达到理想的训练效果。

（一）运动训练理念概述

1. 运动训练理念的概念

在体育运动中，建立一个科学、有效的训练理念是至关重要的，这有利于达到一个良好的训练效果。可以说，训练理念是锻炼者在自身体验的基础上，对运动训练内容、方法、模式等内在规律的深刻认识，在长期的训练实践中所形成的一种观念和态度，是锻炼者对运动训练做出的实然判断和应然判断的有机统一的理性认识。在运动训练中，运动训练理念既是人们参加运动训练的理论与实践指南，又是理论与实践的中介桥梁。从某种意义上来说，运动训练理念的正确、合理与否，将直接影响到运动员个人运动水平的提高，甚至整个竞技体育运动的发展。所以，结合当前我国竞技体育的具体实际，合理确定一个正确的训练理念具有非常重要的意义。

2. 运动训练理念的内涵

（1）运动训练理念是人们对运动训练客观规律的认识。通常情况下，认识运动训练的规律要从三个方面进行：一般规律、项群属性和专项特点。运动训练理念是指导各专项运动训练实践的基础，但是运动训练理念必须要科学和正确，否则将会对运动员训练的效果产生非常不利的影响。因此，在平时的运动训练中，教练员和运动员要准确把握运动项目的本质特点，找出其中的规律，这对于确立正确的训练理念，合理安排训练过程具有极为重要的作用。

（2）训练理念包含了训练主体应有的价值取向。在运动训练中，训练应然主要包括训练主体的目标、训练的情感、训练的意志等因素，同时这也是训练主体完成预定任务的价值规律。在长期、系统的训练中，教练员要对运动员进行必要的测试，对运动员进行一定的生理和心理改造，以检验整个训练过程是否科学、合理以及科学化的程度如何。总体而言，每个运动队乃至每名运动员都必须要建立明确的目标，并向着这一目标而努力。训练主体在追求训练目标，完成训练任务时，要遵循运动训练的客观规律，按部就班地进行训练。同时还要考虑到个人情感和意志品质等要素，最终目标都是为了提高运动训练水平，取得优异的运动成绩。

（3）训练理念是对训练主、客体及其关系的认识。可以说，在人类的一切活动中，认识主体与认识客体之间是相互对立的关系。主体是从事认识活动的人，而客体则是认识活动所指向的对象。认识活动的主体居于主体地位，而客体则相对于主体而存在，是作为主体的人的一切活动的对象。在人们的认识活动中，人一般都具有双重身份。一方面，人作为主体而存在；另一方面，人也要把自己作为客体对象来加以认识和改造，这时人自身便具有了客体的性质。而竞技体育或者运动训练则完全把主体与客体融合在一起，共同构成一个整体，这主要是由运动训练的特殊性所决定的。

篮球运动是一项同场对抗性集体性项目，需要多人间的密切合作才能实现具体的目标。在整个篮球运动训练中，团队内的各成员之间要相互配合，这样才能完成各种战术配合，以及训练的任务与目标。在整个训练流程中，运动员作为训练的主体，训练中的一切活动都要围绕运动员展开；教练员作为主导，指导运动员进行训练，起着重要的指导与带领作用；而领队、科研人员、后勤人员等则为运动员的运动训练提供可靠的保障与各种服务，能保证训练活动的顺利开展，也是运动队或运动员取得理想的运动成绩不可缺少的重要因素之一。在篮球训练中，教练员要指导运动员深入了解训练主体、训练客体及其它们之间的关系，这样才有利于篮球运动员训练水平的提高。

3. 运动训练理念的外延

运动训练理念的内涵非常丰富，外延也比较宽泛，它能在很大程度上反映训练思维等活动的普遍概念或上位概念，如训练观念、训练思想、训练模式等。训练理念本身就包含以上诸多要素。

除此之外，运动训练理念还表现出既有抽象性又有直观性的特点，如训练目的、训练目标、训练计划等，既抽象，又具有一定的直观性，同属于理论性与操作性部分的内容。因此可以说，运动训练理念对运动员的整个训练过程起着重要的导向作用，没有一定的训练理念做指导，运动训练就难以保证正确的方向。而在篮球运动中，篮球训练理念的正确与否，在很大程度上影响着运动队或运动员的训练水平，以及运动成绩的取得，乃至整个篮球运动的发展方向。

4. 运动训练理念的特征

一般来说，世间万物都有自己的特征，运动训练理念也不例外。运动训练理念的特征主要表现在以下八个方面：

（1）思想性特征。具体而言，训练理念的思想性特征主要体现在三个方面：第一，训练理念反映出运动员的一种价值观，属于运动员的一种价值判断；第二，训练理念是一种理性认识，是对运动训练过程的概括性认识；第三，运动训练具有领导的现实意义。

（2）实践性特征。运动训练属于一种特殊的教育活动，是运动者有目的地按照一定的教育规律、竞技运动发展规律等，通过一定的运动手段、方法的运用来获得竞技能力提高的一种社会实践活动。训练理念则是为了提高竞技能力而提出的一种设想，其目的是改造客体的实践活动。因此，训练理念是理论与实践的统一，它不仅具有较强的理论性，同时也要经受住实践的检验，只有经得住实践检验的训练理念才是科学和合理的。如果训练理念脱离了实践，就显得空洞，没有说服力，也不具有绝对的可操作性。

（3）发展性特征。世界上任何事物的发展都受到一定客观因素或条件的制约和影响，这是不可避免的。训练理念的产生与发展也是如此。训练理念也会随着现代社会以及竞技体育运动的不断发展而发生各种各样的变化，因而呈现出较强的发展性特征。也就是说，不论运动训练如何发展，训练理念是一直处于不断变化与发展之中的。

（4）个体性特征。一般来说，一个人在参加运动训练的过程中，其训练理念的形成主要受制于自己的世界观、人生观、价值观等方面的影响。因此，锻炼者所建立的训练经验体系、认知与思维能力、语言风格、表达方式等也都影响其训练理念的选择与表达，因此说训练理念具有鲜明的个体性特征。

（5）创造性特征。运动训练理念既具有一定的理论性又具有一定的实践性，而训练理念的形成，实际上就是运动训练主体对客体的改造，训练主体充分利用自己的聪明才智和知识水平，按照一定的目标与要求对客体加以改造，使之符合自己的心理预期，因此说训练理念依附于训练主体而表现出一定的创造性特征。

（6）相对稳定性特征。训练理念不是一时一日形成的，而是经过长期的实践总结形成的，是锻炼者长期的亲身体验、研究分析而做出的总结。在一定时期内所形成的训练理念不会轻易改变，因此具有一定的稳定性特征。

（7）全面性特征。训练理念是对某一运动项目的特点、本质、运动规律、运动员特点、训练与比赛环境等所做出的准确判断与看法，具有一定的全面性特征。需要注意的是，正确的训练理念具有一定的深刻性，而一般性的浅层次认识则不能称之为训练理念。

（8）前瞻性特征。训练理念对锻炼者的实践行为具有重要的指导作用，能保证训练目标的正确性。正确的训练理念不是盲目的，而是实践主体超前的理论设计，是人们对训练实践活动的一种超前反映和把握。因此，训练理念具有一定的前瞻性特征。

5. 运动训练理念的功能

在运动训练中，训练方法与手段的改革与发展必须要建立在一定的训练理念基础之上，只有正确的训练理念做先导，整个训练活动才能顺利展开，训练的效果才能得到保证。没有先进的训练理念，训练的目标必定是片面的，训练的行为必然是短期的，训练的发展也必将是被动的。对运动本质、特点和规律的认识将影响训练理念的形成和发展，从而影响教练员的执教行为，这也将决定球队的打法与风格，最终呈现出的训练效果将反过来影响训练理念的形成和发展，这整个过程是环环相扣、相互影响的。

除了指导功能外，运动训练理念还具有以下功能：

（1）决策功能。训练理念是运动员训练行为的指南，约束着运动员的不良行为,指导运动员参加与运动训练理念相符的训练实践,能保证整个训练活动的顺利开展。因此说训练理念是人们对训练活动的正确认识,它包含具体的训练计划和实施方案等,具有重要的导向与决策功能。

(2)整合功能。训练理念是运动员在长期的运动实践中,在经验总结基础上形成的对运动训练的看法,这种看法建立在准确把握运动项目的本质、规律等基础之上,所以说训练理念是人们对成功训练经验的高度概括和总结,是对训练活动感性与理性认识的统一结合,因而具有一定的整合功能。

(3)激励功能。训练理念中还包含人们对运动训练与比赛的期望、热情和挑战的激情等内容,这些都会激励运动员积极参加运动训练,为了获得优异的比赛成绩而努力,因而训练理念还具有一定的激励功能。

(4)创新功能。训练理念是对运动员长期训练实践的经验总结和看法,往往呈现出一定的、新的思想与观点,因而训练理念还具有一定的创新功能。在运动员的运动训练中,运动训练理念的创新在一定程度上决定着运动训练实践的状态。在运动训练理念确立后,人们的任何行动都能引导其破旧立新,去追求更加有效的训练方法与手段。因此,从某种意义上来说,运动训练理念本身具有一定的创新性。运动训练理念的创新始终是不断发展的,因此运动训练理念的创新功能促使运动训练不断向前发展。

(二)篮球运动训练理念的结构

篮球运动训练是一个长期的、系统的过程,其目标不仅仅是提高运动员的专项技能和运动成绩,而且还要培养与提高运动员的全面素质,使其成为一个全面发展的人。想要提高我国篮球运动训练的水平,充分提高篮球运动训练的效果,就必须要构建一个全面的、科学的训练理念体系。而篮球训练理念体系的结构如何,则对运动员的整个训练活动有着非常重要的影响。篮球运动训练理念的结构包括教育性训练理念、青少年战略性训练理念和人文操作性训练理念。

六、高校篮球运动训练理念的构建和完善

(一)教育性训练理念的构建与完善

1. 强化对运动员的文化教育

在篮球运动中,运动员综合素质的提高,不仅仅表现在运动技能方面,还与运动员的文化素质有着密切相关的关系。因此,篮球运动员的文化教育

就显得至关重要。很长一段时间以来，我国篮球高水平运动员的培养与训练主要以单一训练为主，这显然已不能适应当前运动人才发展的需要。在未来的篮球运动训练中，必须要改变这种传统的、单一的训练方式，重视运动员的文化教育，提高运动员的文化素养。在指导运动员进行文化课学习的过程中，要树立训练与教育相融合的理念，将文化教育贯彻整个运动训练的全过程。这对于培养与发展我国篮球运动的高素质人才具有非常重要的意义。

2. 构建完整的培养体系

将篮球后备人才的选拔和培养主要基地放在小学、中学，逐渐形成小学、中学、大学、俱乐部、国家队的培养体系。在青少年篮球运动员培养的过程中，应充分结合青少年的身心发展特点与规律进行，利用青少年身心发展的敏感期开展各种各样的篮球活动，让运动员在趣味游戏与比赛中学习与掌握篮球技能。在对青少年篮球运动员培养与训练的过程中，要充分挖掘那些具有潜力的运动员，对具有篮球运动天赋的运动员进行系统的培养和训练，为其将来的发展奠定良好的基础。在中学和大学阶段，应将这一部分运动员的学业与运动训练结合起来进行，促进其综合素质的发展。运动员在小学、中学阶段就打下了良好的基础，因此到大学就可以得到良好的发展。这样就可以形成一种小学、中学、大学、俱乐部、国家队的培养体系，能培养出更为优秀的篮球运动员。

（二）青少年战略性训练理念的构建与完善

1. 了解并尊重球员的个性

每一名篮球运动员都是不同的，都有自己的个性，而个性正是区别于其他运动员的个人特征。在运动训练中，教练员对待运动员的态度在很大程度上影响着运动员的个性发展。因此，在青少年篮球运动员的培养中，教练员应充分了解运动员的个与特征，并对其给予必要的尊重，使其充分发挥自己的创造性。如此才能帮助青少年运动员得到更好的发展。

2. 按照青少年的身心特点及发展规律进行针对性的训练

在青少年篮球运动员的培养与训练中，其目标是培养高水平的篮球运动人才。这就对篮球运动员的身心素质、技战术能力等提出了较高的要求。在篮球训练的过程中，应将运动员的身心特点和发展规律充分结合起来，制订一个科学、合理的训练计划，按照训练计划按部就班地进行训练。

除此之外，在篮球运动训练中，教练员应帮助篮球运动员在青少年时期形成正确的动力定型,使运动员获得终身受益的运动素质和能力,这能为运动员今后的训练与比赛奠定良好的基础。

3. 增强球员自信心

在青少年篮球训练中,教练员要帮助运动员建立自信心。自信心是指运动员的一种态度以及对自己打球能力的肯定,它能帮助运动员完成自己预想的结果和任务。因此,运动员自信心的培养与建立也是非常重要的。

一名具有强烈自信心的青少年篮球运动员,在面对压力时,能够做到不紧张,保持冷静、放松;能将注意力集中在某一关键环节上;能保持旺盛的精力去主动寻求解决问题的办法;能帮助自己刻苦训练,并持之以恒;能在比赛时掌握比赛的主动,控制比赛的节奏,敢于挑战不可能。

因此,在青少年篮球训练理念中,增强运动员的自信心,以强烈的自信心去进行训练和比赛具有重要的意义。

(三)人文操作性训练理念的构建与完善

人文操纵性训练理念也是篮球运动训练中一个非常重要的理念,强调教练员与运动员之间的沟通与交流,强调运动员意志品质的培养,强调运动员心理状态的控制,强调运动员团队意识的培养等。

1. 教练员与运动员要进行有效的沟通与交流

为了保证及时地沟通与交流,教练员应该保持与运动员密切的交谈,以充分了解每一名运动员的个性和运动水平。双方之间和谐关系的建立对整个篮球运动队来说是至关重要的。

教练员与运动员在进行沟通与交流时应做到以下六点要求:

(1)教练员既要指导也要提问,充分激发运动员训练的热情,了解其前进的动因、理想等。

(2)倾听运动员、家长及其他教练的意见,综合各方面的考虑,以寻求最佳训练方案。

(3)双方在沟通时,要考虑清楚自己要说什么,想表达什么。

(4)在运动训练中,教练员所发出的指令和信息要尽量简短、易懂。

(5)避免使用刺激话语,不要打击运动员训练的积极性。

(6)双方之间不要相互指责,应积极地肯定运动员的优点,帮助运动员发展自己各方面的素质与能力。

第五章　现代高校篮球运动的身心训练基础

2. 磨炼运动员的意志

克服困难的心理过程，就是所谓的意志。作为一种心理活动，意志是在认识的基础上、情感的激励下产生的，其作为一种巨大的精神力量来提高运动成绩。一个人的果断性、坚韧性、自制力以及勇敢顽强和主动独立等精神，就是意志品质。[①]篮球运动训练是一个长期的过程，这一过程是比较艰苦和枯燥的。只有具有顽强的意志品质的运动员，只有运动员经受了激烈对抗的全过程，承受体力的大量消耗以后，才能获得比赛的胜利，因此说培养运动员顽强的意志品质是非常重要的。

在篮球运动训练中，很多时候都是在艰苦的环境与条件下进行的。因此，倘若没有一个顽强的意志品质是难以坚持下去的，这就要求针对运动员的不同身心特点与个性去培养运动员的意志品质。例如，用弹网发展运动员动作的协调性与灵活性；山地行军培养运动员勇敢、自信的意志品质；而在篮球专项运动训练中，可采用超负荷、强对抗的练习以提高运动员的抗压能力等。

3. 控制情绪、形成稳定平和的心态

篮球运动员在训练与比赛中，只有始终坚持稳定、平和的心态，才能发挥出最佳水平，获得训练与比赛能力的提高。因此，在整个篮球训练过程中，教练员和运动员要用平和稳定的心态去对待每一次训练。在比赛中，如果比分领先于对手，绝不能喜形于色，比分落后于对手的时候，也不要情绪低落。面对对手的挑衅要控制好自己的情绪，要用平和稳定的心态去对待，这样才能获得成功。

4. 培养团队意识，构建团队凝聚力

篮球是一项集体性运动项目，因此培养运动员的团队意识，形成团队凝聚力，对运动队比赛成绩的取得具有十分重要的作用和意义。团队凝聚力的形成将经过开始阶段、冲突阶段、稳定阶段、表现阶段，即已经形成并接受实践的考验。在篮球运动中，运动团队凝聚力的形成有赖于教练员和运动员共同的合作，有赖于他们的心理与情感的稳定性。团队凝聚力一旦形成，运动员就越容易取得优异的比赛成绩。

一个成功的团队，每一位成员的责任感都非常强，这也是构建团队凝聚

---

① 陈杰. 篮球运动教学理论创新与实战技巧研究 [M]. 北京：中国原子能出版社，2019：11.

力的重要基础。团队的凝聚力主要有两个方面：任务凝聚力和社会凝聚力。任务凝聚力是指篮球运动队中，教练员和运动员在技战术打法、训练与比赛理念等方面保持一致的看法，达成共识。这一凝聚力的形成有助于团队之间的密切合作，有利于取得好的成果；如果缺乏这种凝聚力则会出现信任危机、配合不协调等各方面的问题。社会凝聚力是指拥有社会凝聚力的球队，运动员之间能够愉快地交流，沟通与合作的能力较强，能积极寻求各方面的帮助去解决问题。因此，加强篮球运动队的凝聚力，以上两个方面缺一不可。

（四）构建和完善篮球运动训练理念的注意事项

1. 重视篮球竞技规律的研究

篮球竞技规律在一定程度上决定着篮球运动的总体发展方向，推动着篮球运动的发展。因此，在学校篮球训练中，重视篮球竞技规律的研究显得尤为必要。篮球竞技规律突出表现在以下三个方面：

（1）攻守平衡规律。篮球是一项攻防结合的对抗性运动，其中蕴含着攻守对抗矛盾。在篮球比赛中，只有找准攻守平衡的规律，把握好攻与守的平衡，才有可能获得比赛的胜利。在篮球训练中，体育教师要重视篮球攻守平衡规律的指导，指导学生进行攻守平衡的训练。

（2）全面与特长发展规律。全面，即个人技术或全队实力的全面性。特长，则是指全面基础上个人特殊能力的培养。可以说，拥有既有全面技术，又具有个人优势的球队，往往具有较强的竞争力。因此，在学校篮球训练中，体育教师要正确处理好全面与特长之间的关系，既加强学生的全面技术训练，又加强学生的特长训练，从而实现篮球运动训练的辩证统一。

（3）集体性规律。篮球运动是一项集体性项目，要想取得比赛的胜利，就必须依赖于集体力量的发挥。在篮球比赛中，只有将个人的技艺融入集体之中，实现个人技术与集体力量的有效结合，才能充分发挥出集体实力，从而取得比赛的胜利。因此，在平时的篮球训练中，把握篮球运动的集体性规律，对于篮球运动训练水平的提高和比赛成绩的获得都具有十分重要的意义。

2. 重视训练方法与手段的科学性

随着篮球运动训练水平的不断提高，训练手段与方法越来越丰富，这对体育教师教学提出了更高的要求。这要求体育教师要充分发挥自己的创新能力，从深层次探索篮球运动科学训练的规律，不断创新先进的教学手段与方法。在篮球训练手段与方法的选择上，体育教师要结合自己的经验和学生的具体实际，选择或创新出既利于整体又利于个人训练的方法与模式，增强整个篮球训练过程的可控性和科学性，提高篮球训练的科学化程度，这样才能有效地提高篮球训练的质量和效果。

3. 重视篮球技战术的创新

创新是篮球训练的灵魂，只有坚持篮球技战术等的创新，才能保证篮球训练的活力，才能有效提高篮球运动员的训练水平，提高篮球运动技能。在现代篮球训练条件下，对篮球技战术进行创新，首先，进行篮球技术动作的创新，如在防守球员封盖下的各种不同方式的投篮、传球，不同条件、不同时机下各种技术动作的运用等，其次，进行战术配合的创新，不同的比赛形势下，实现技术与战术的有效配合，创设出适合比赛情境的战术等。总之，只有通过篮球技战术创新，才能提高篮球训练质量，进而获得理想的比赛成绩。

第二节 高校篮球运动的专项力量训练及方案定制

一、篮球运动的专项力量训练

（一）篮球专项力量训练的训练原则

1. 大负荷原则

大负荷的状态是指肌肉力量在最大程度发挥时，肌肉需要面对足够大的阻力，这种阻力应尽可能接近肌肉能承受范围内的最高值，甚至超过最高值。这一原则应用了身体生理机制的理论，人体肌肉中包含有不同兴奋程度的运动单元，在面对较小的阻力时，运动单位中只有较高兴奋程度的单位能被中枢调动，而阻力变大时，越来越多的运动单位参与收缩。直到阻力能够刺激中枢神经系统时，运动中枢能够将更多的运动单位调动起来共同收缩，此时肌肉能够表现出很大的张力。

2. 渐增负荷原则

渐增负荷原理指的是在力量训练时，肌肉受的阻力随着训练水平的提升而增加，以此来推动肌肉极限力量的持续提升。若在训练时用8R量（R量表示最高可重复次数）的负荷，8R的负荷在功率逐步增加的同时达到8次以上的重复量，甚至达到12次时，则应该增加负荷，直到负荷增加所带来的重复次数又达到8R量为止。对于力量较弱或者较低训练水平的人员，可以应用10R的负荷量，应用的训练标准为15R；若想增加绝对力量，则可应用1R的负荷量与5R量的训练标准。

3. 专门性原则

专门性原则指的是运动员应当按照特殊技术特征来安排自己的特殊肌力训练，也就是说，比赛动作应用的相应肌肉群体应当要承担一定的负荷。训练人员要对比赛动作的阻力加以对抗，按照竞赛动作的要求来调整自己训练的速度和力度。在练习过程中，要保证神经肌肉工作的方式等同于比赛的动作，包括静态工作、让步和克制等。训练的重复次数应当尽可能适应于比赛动作的频率。训练的内部条件要符合比赛动作。篮球所要讨论的重要内容是疲劳时刻依然能够持续比赛的能力，还要对参赛人员的心理需求加以考虑。

（二）篮球专项力量素质训练方法的应用

1. 篮球技术动作力量的训练方法

负荷、手段、组织、调节和时间间隔等都是力量训练方法的构成部分。训练方法有多样化的种类，按照篮球运动员力量训练的目标，可以分为以下四种训练方法：

（1）最大力量训练方法。肌肉生理横截面的提升与发育、肌肉和肌内协调能力的提升能够决定最大力量的提升范围。所以，可以应用内部协调训练法和结构训练法。在使用的力量达到最大的同时，可以应用能够将肌肉体积增加的结构训练方法。当然，要根据各种训练阶段及个人情况来制订计划，必须要重视肌肉协调训练。

（2）快速力量训练方法。快速力量的综合特征内包括力量与速度双要素，通常应用于肌肉收缩速度和肌肉力量的提升训练中，以此来提高运动员的快速力量。其中，要想将快速力量提升起来，就必须提升运动员的肌力能力，然而，快速力量的提升需要依靠肌肉收缩速度提升的推动。多数的篮球动作都要依靠爆发力来完成。无论在何种情况下，起跳、起跑、投篮等动作都要依靠肌肉收缩速度和肌肉的用力，肌肉在动作中主要的表现在于反应力、爆发力量、启动力量等。将下肢力量在150毫秒的短时间内迅速发挥出来，即为起动力。起动力是以最大力量水平为基本要素的。发展起动力通常会应用的负荷强度为30%～50%，在此强度下进行3～6组，每休息

1～3分钟进行一组，一组5～10次。爆发力指的是用最大加速度在150毫秒内克服一定的阻力。通常提升爆发力的练习应用的负荷标准为：常采用70%～85%的负荷强度，练习3～6组，每组间隔3分钟进行，一组5～6次。身体在运动的过程中，通过肌肉训练来对运动的整体过程进行控制，也会产生一系列反应。肌肉训练刺激本体感受器，身体通过不断调整来达到分数线运动标准，这个过程可以让人体获得更快的反应速度，相应运动能力也能得到提升。所以，篮球运动员通常会通过弹跳反应力练习来提升爆发力。

（3）力量耐力训练方法。力量耐力是一种综合性素质，包括耐力和力量两方面。这种运动能力能够让人在动力或静力性工作中使肌肉保持持续性紧张而又保障工作效果。许多因素都能决定运动员的力量耐力水平，确保供给和消耗氧气的呼吸系统和血液循环系统的机能、工作肌对氧气的有效利用能力、无氧代谢的机能能力。力量耐力依照肌肉工作方式可分为静力性和动力性力量耐力。动力性力量耐力又可分为三种力量，包括快速力量、小力量和最大力量耐力，在不同目标下发展各种力量耐力可以选择不同的负荷特征。

（4）综合力量训练法。在力量训练的基本或维持阶段，在维持或发展不同类型力量水平的过程中应用综合训练方法可以保持过去的训练效果并节省时间，如金字塔训练法，会运用变化频繁的负荷和不同的强度类型。刚开始训练会从中小强度耐力向基础强度和快强度逐渐转换，最后提升至最大强度。所有力量素质的锻炼都是在训练过程中进行的。

2. 篮球运动核心力量的训练方法

核心力量训练的对象主要是身体核心区域，包括两个方面，即功能性和稳定性。

在核心力量训练中，对于篮球运动员来说最重要的是稳定性训练。运动员通过稳定性训练和功能性训练后，在比赛时更有能力将技术性动作有效完成。

教练员应选择与篮球运动项目特点相符合的训练活动，以篮球运动员的根本需求为出发点设计训练内容。通过有效结合力量训练和功能性训练，使运动员的神经肌肉系统功能得以充分发挥，保证比赛过程中篮球技术动作能够顺利进行。

二、篮球运动专项体能训练方案定制

因为不同类型球员对于不同运动能力的需求度不同,所以其自身的各项运动能力不可能达到完美均衡的地步,其中必定有的较为弱势。如何利用休赛期的时间尽快补足自身的弱点是那些在体能方面有明显差距,或整体体能较薄弱的球员所需解决的头等大事。

(一)提升启动速度训练方案

极强的启动速度需要优秀的爆发力、良好的身体柔韧性以及近乎完美的进攻技术为依托。在制订训练计划时,除了关注身体素质方面的专项训练外,一定要安排有针对性的技术练习。无论是进攻时的突破技术,还是防守时的快速移动技术,都十分必要。

计划周期:8周。

训练时间:休赛期。

训练目标:提升在突破以及防守时的动作速率。

1. 初级版本

(1)第1~4周:力量储备期。初级版本第1~4周力量储备期的训练方案见表5-1。

表5-1 力量储备期训练方案

日期	项目名称	次数
第一天 (力量训练)	站姿屈髋	3组,每组10个
	俯卧举腿	3组,每组力竭
	仰卧屈髋	3组,每组10个
	箭步走	3组,每组100个
	站躬身	3组,每组10个
第二天 (速度训练)	阻力跑练习	3组,每组1次
	加速跑练习	3组,每组1次
	启动跑练习	3组,每组1次
第三天 (技术训练)	挥臂练习	3组,每组200~300次
	负重挥臂练习	3组,每组20次
	提膝练习	3组,每组20次
	大步走练习	3组,全场距离
	高抬腿跑	3组,全场距离

(2) 第 5～8 周：速度与技术强化阶段。初级版本第 5～8 周速度与技术强化阶段的训练方案见表 5-2。

表 5-2　速度与技术强化阶段训练方案

日期	项目名称	次数
第一天	阻力跑练习	4 组，每组 1 次
	加速跑练习	4 组，每组 1 次
	启动跑练习	4 组，每组 1 次
第二天	滑步练习	6 组，每组 1 次
	蛇形跑练习	2 组，每组 1 次
	转髋跳练习	2 组，每组 1 次
	直角跑练习	3 组，每组 1 次
第三天	负重挥臂练习	3 组，每组 20 次
	提臀练习	3 组，每组 20 次
	高抬腿跑	3 组，全场距离
	后踢腿跑	3 组，全场距离
	单脚跳	3 组，全场距离
	篮球专项训练	防守与突破

2. 进阶版本

(1) 第 1～4 周：力量储备期。进阶版本 1～4 周力量储备期的训练方案见表 5-3。

表 5-3　力量储备期训练方案

日期	项目名称	次数
第一天（力量训练）	站姿屈髋	3 组，每组 10 个
	俯卧举腿	3 组，每组力竭
	仰卧屈髋	3 组，每组 10 个
	箭步走	3 组，每组 100 个
	站躬身	3 组，每组 10 个
第二天（速度训练）	阻力跑练习	3 组，每组 1 次
	加速跑练习	3 组，每组 1 次
	启动跑练习	3 组，每组 1 次
第三天（技术训练）	挥臂练习	4 组，每组 200～300 次
	负重挥臂练习	4 组，每组 20 次
	提臀练习	4 组，每组 20 次
	单脚跳	4 组，全场距离
	高抬腿跑	4 组，全场距离
	篮球专项训练	防守与突破

（2）第5～8周：速度与技术强化阶段。进阶版本第5～8周速度与技术强化阶段的训练方案见表5-4。

表5-4 速度与技术强化阶段训练方案

日期	项目名称	次数
第一天	阻力跑练习	4组，每组1次
	加速跑练习	4组，每组1次
	启动跑练习	4组，每组1次
	变速跑练习	4组，每组1次
第二天	滑步练习	6组，每组1次
	蛇形跑练习	3组，每组1次
	转髋跳练习	3组，每组1次
	直角跑练习	3组，每组1次
第三天	负重挥臂练习	4组，每组12次
	高抬腿跑	4组，全场距离
	后踢腿跑	4组，全场距离
	单脚跳	4组，全场距离
	篮球专项训练	防守与突破
第四天	17次折返跑	2组，每组1次
	X跑练习	2组，每组1次
	6次折返跑	2组，每组1次

（二）改善身材训练方案

由于平时有大量比赛的缘故，往往篮球爱好者较难出现身材走样的情况。但有的球员，特别是身材壮硕的内线球员，极易因为在休赛期间暴饮暴食，导致身材变形。

计划周期：4周。

训练时间：休赛期。

训练目标：改善身材，降低体脂并合理控制体重。

1. 初级版：1～4周

初级版1～4周的训练方案见表5-5。

表5-5 初级训练方案

日期	项目名称	次数
第一天	400米跑	3组，每组1次
	200米跑	3组，每组1次

续表

日期	项目名称	次数
第二天	上斜飞鸟	2组，每组20个
	蝴蝶机夹胸	2组，每组20个
	臀屈伸	2组，每组20个
	负重卷腹	2组，每组20个
	转体卷腹	5组，每组力竭
	仰卧起坐	5组，每组力竭
第三天	滑步练习	6组，每组1次
	梯形跳练习	2组，每组1次
	转髋跳练习	2组，每组1次
	直角跑练习	3组，每组1次

2. 进阶版：1～4周

进阶版1～4周的训练方案见表5-6。

表5-6 进阶训练方案

日期	项目名称	次数
第一天	卷腹	5组，每组力竭
	仰卧起坐	5组，每组力竭
	转体卷腹	5组，每组力竭
	5000米跑或3000米游泳	1组，每组1次
第二天	下斜哑铃卧推	3组，每组20个
	蝴蝶机夹胸	3组，每组20个
	臀屈伸	3组，每组20个
	负重卷腹	3组，每组15～20个
	负重举腿	3组，每组8～12个
	器械转体卷腹	3组，每组15～20个
	17次折返跑练习	3组，每组1次
第三天	17次折返跑	3组，每组1次
	自杀式折返跑	3组，每组1次
	6次折返跑	3组，每组1次
	1000米游泳	1组，每组1次

（三）巩固基础力量训练方案

提高基础力量的训练计划种类较多，有的关注全身基础力量的发展，有的关注绝对力量的提高，有的则更加偏向于弥补上半身或下半身力量的不足。因此，球员在制订相应训练计划时，需根据自身特点做出最适合自己的选择。此外，不要因为力量训练就忽略敏捷度与柔韧性的训练，否则就会使所提高的力量无任何用武之地。

计划周期：4周。

训练时间：休赛期。

训练目标：提高全身基础力量，补足弱势力量。

1. 4周基础力量计划

4周基础力量的训练方案见表5-7。

表5-7 基础力量训练方案

日期	项目名称	次数
第一天	半蹲	15～20个
	卧推	15～20个
	仰卧起坐	15～20个
	绳索划船	15～20个
	杠铃硬拉	15～20个
	卷腹	15～20个
第二天	滑步练习	6组，每组1次
	转髋跳练习	4组，每组1次
	直角跑练习	4组，每组1次
	梯形练习	4组，每组1次

2. 4周下半身力量训练

4周下半身力量的训练方案见表5-8。

表5-8 下半身力量训练方案

日期	项目名称	次数
第一天	腿举	3组，每组10个
	哈克深蹲	3组，每组10个
	腿屈伸	3组，每组10个
	提踵	3组，每组10个
	反向提踵	3组，每组10个
第二天	硬拉	3组，每组10个
	GHR	3组，每组力竭
	站躬身	3组，每组10个
	俯卧举腿	3组，每组力竭
	蹲桥	3组，每组10个
第三天	站姿屈髋	3组，每组10个
	俯卧屈髋	3组，每组10个
	浅蹲	3组，每组10个
	提踵	3组，每组10个
	反向提踵	3组，每组10个

3.4 周绝对力量训练计划

4 周绝对力量的训练方案见表 5-9。

表 5-9 绝对力量训练方案

日期	项目名称	次数
第一天	下斜半程卧推	3 组, 每组 10 个
	间歇式卧推	3 组, 每组 10 个
	哑铃下斜卧推	3 组, 每组 10 个
	腕弯举	3 组, 每组 10 个
	腕屈伸	3 组, 每组 10 个
第二天	半蹲	5 组, 每组 5 个
	腿举	5 组, 每组 5 个
	箱式深蹲	5 组, 每组 5 个
	提踵	3 组, 每组 10 个
	反向提踵	3 组, 每组 10 个
第三天	支撑深蹲	5 组, 每组 10 个
	GHR	3 组, 每组力竭
	臀屈伸	5 组, 每组 5 个
	站姿屈髋	3 组, 每组 10 个
	内收/外展练习	3 组, 每组 10 个

(四) 引爆弹跳力训练方案

弹跳力训练不是一味地要求跳得高,而是需要根据球员自身的技术特点进行针对性的跳跃练习。如对手中锋球员,双脚起跳频率较高,因此在练习时就要加大双脚训练量。后卫球员使用单脚起跳较频繁,所以在制订计划时就要加强单脚跳练习。此外,如果你的目标是需要确保全场比赛都保持较高竞争力,那么一定的力量耐力可以保证你的弹跳不会受体力下降的过多影响。

计划周期: 8 周。

训练时间: 休赛期。

训练目标: 增强弹跳力, 提升攻防两端的表现力。

1. 初级版本 (适用于后卫与小前锋)

(1) 第 1~4 周: 力量储备期。初级版本第 1~4 周力量储备期的训练方案见表 5-10。

表 5-10 力量储备期训练方案

日期	项目名称	次数
第一天	全蹲	10 组, 每组 10 个
	箭步走	3 组, 每组 100 米
第二天	高翻	10 组, 每组 2 个
	高抓	10 组, 每组 2 个

续表

日期	项目名称	次数
第三天	收腹跳	4组，每组20个
	侧跳	4组，每组20个
	跳深	4组，每组20个
	箭步跳	4组，每组20个
第四天	滑步练习	6组，每组1次
	转髋跳练习	3组，每组1次
	梯形跳练习	3组，每组1次

（2）第5～8周：弹跳力增强期。初级版本第5～8周爆发力的训练方案见表5-11。

表5-11 爆发力训练方案

日期	项目名称	次数
第一天	高翻	10组，每组2次
	高抓	10组，每组2次
	重球练习	10组，每组2次
第二天	收腹跳	4组，每组20个
	侧跳	4组，每组20个
	跳深	4组，每组20个
	箭步跳	4组，每组20个
	单脚跳	4组，每组20个
第三天	滑步练习	6组，每组1次
	转髋跳练习	4组，每组1次
	梯形跳练习	4组，每组1次

2. 进阶版本（适用于后卫与小前锋）

（1）第1～4周：力量储备期。进阶版本第1～4周力量的训练方案见表5-12。

表5-12 力量训练方案

日期	项目名称	次数
第一天	全蹲	10组，每组10个
	脚尖跳	3组，每组100个
第二天	高翻	10组，每组2个
	高抓	10组，每组2个
	借力推举	10组，每组2个
第三天	滑步练习	6组，每组1次
	转髋跳练习	4组，每组1次
	梯形跳练习	4组，每组1次

（2）第5～8周：弹跳力增强期。进阶版本第5～8周力量进阶的训练方案见表5-13。

表 5-13　力量进阶训练方案

日期	项目名称	次数
第一天	高翻	10 组，每组 2 次
	高抓	10 组，每组 2 次
	重球练习	10 组，每组 2 次
	借力推举	10 组，每组 2 次
第二天	收腹跳	4 组，每组 20 个
	侧跳	4 组，每组 20 个
	跳深	4 组，每组 20 个
	箭步跳	4 组，每组 20 个
	单脚跳	4 组，每组 20 个
第三天	滑步练习	6 组，每组 1 次
	转髋跳练习	4 组，每组 1 次
	梯形跳练习	4 组，每组 1 次

（五）强化敏捷与柔韧性训练方案

敏捷与柔韧性是较高级的运动能力，因此在制订训练计划时一定要注意有针对性。如果所选训练动作并不合适，那么反而会引起一定的副作用。此外，注意在强化敏捷与柔韧性训练时不要安排过多的力量训练。

计划周期：整个赛季。

训练时间：赛季期。

训练目标：保持整个赛季的身体灵敏度与柔韧性。

强化敏捷与柔韧性训练方案见表 5-14。

表 5-14　强化敏捷与柔韧性训练方案

日期	项目名称	次数
第一天	滑步练习	6 组，每组 1 次
	直角跑练习	4 组，每组 1 次
	梯形跳练习	4 组，每组 1 次
	转髋跳练习	4 组，每组 1 次
	X 跑练习	4 组，每组 1 次
	蛇形跑	4 组，每组 1 次
第二天	阻力跑练习	4 组，每组 1 次
	加速跑练习	4 组，每组 1 次
	启动跑练习	4 组，每组 1 次
第三天	上肢拉伸	任选 4 个动作，每个动作拉伸 20 秒
	下肢拉伸	任选 4～6 个动作，每个动作拉伸 20 秒
	腰背部拉伸	任选 2～3 个动作，每个动作拉伸 20 秒
	肌肉放松与按摩	

（六）优化耐力训练方案

提高耐力的训练计划应当围绕速度耐力与力量耐力构建，辅以必备的心肺耐力训练。此外，耐力的提高主要是为了服务于球员自身的技术动作，因此相应的敏捷度训练也是不容忽视的。

计划周期：4～12 周。

训练时间：休赛期。

训练目标：提高力量耐力或速度耐力。

1. 12 周速度耐力训练计划

（1）第 1～4 周：基础速度耐力训练。第 1～4 周基础速度耐力的训练方案见表 5-15。

表 5-15　基础速度耐力训练方案

日期	项目名称	次数
第一天	400 米跑	4 组，每组 1 次
第二天	滑步练习	6 组，每组 1 次
第二天	X 跑练习	4 组，每组 1 次
第二天	直角跑练习	4 组，每组 1 次
第二天	梯形练习	4 组，每组 1 次

（2）第 5～8 周：短距离速度训练。第 5～8 周短距离速度训练见表 5-16。

表 5-16　短距离速度训练方案

日期	项目名称	次数
第一天	40 米跑	2 组，每组 1 次
第一天	60 米跑	2 组，每组 1 次
第一天	80 米跑	2 组，每组 1 次
第二天	100 米跑	2 组，每组 1 次
第二天	60 米跑	2 组，每组 1 次
第二天	40 米跑	2 组，每组 1 次
第二天	全场跑	2 组，每组 1 次
第二天	17 次折返跑	2 组，每组 1 次
第二天	自杀式折返跑	2 组，每组 1 次

（3）第 9～12 周：实战速度耐力训练。第 9～12 周实战速度耐力的训练方案见表 5-17。

表 5-17 实战速度耐力训练方案

日期	项目名称	次数
第一天	Z 跑练习	2 组，每组 1 次
	X 跑练习	2 组，每组 1 次
	17 次折返跑	2 组，每组 1 次
	击地传球全场跑	1 组，每组 5 次
	胸前传球全场跑	1 组，每组 5 次
	6 次运球折返跑	2 组，每组 1 次
	自杀式折返跑	2 组，每组 1 次
第二天	滑步练习	6 组，每组 1 次
	X 跑练习	4 组，每组 1 次
	直角跑练习	4 组，每组 1 次
	梯形练习	4 组，每组 1 次

2.4 周力量耐力训练计划

4 周力量耐力的训练方案见表 5-18。

表 5-18 力量耐力训练计划方案

日期	项目名称	次数
第一天	全蹲	15～20 个
	卧推	15～20 个
	箭步蹲	15～20 个
	卷腹	15～20 个
	哑铃跳	15～20 个
	绳索划船	15～20 个
	臀桥	15～20 个
第二天	滑步练习	6 组，每组 1 次
	X 跑练习	4 组，每组 1 次
	直角跑练习	4 组，每组 1 次
	梯形跳练习	4 组，每组 1 次
第三天	全蹲	15～20 个
	卧推	15～20 个
	箭步蹲	15～20 个
	卷腹	15～20 个
	哑铃跳	15～20 个
	绳索划船	15～20 个
	臀桥	15～20 个

第三节　高校篮球运动心理训练的具体内容

一、高校篮球运动一般心理训练

（一）表象训练

1. 表象训练概念与分类

在篮球训练中，表象训练是应用最广泛的心理技能训练方法之一。所谓表象训练，是指通过暗示语的指导，运动员在头脑中反复想象某种运动动作内容或运动的情境，从而完善运动技能，提高情绪的控制能力。表象训练在篮球训练中可以巩固我们已经掌握或正在练习的技能，并在投篮中建立稳定的动力定型。所以不论是日常训练还是赛前备战，都可以通过表象，对以往的成功情境进行回忆，调节出良好的情绪状态。

表象是指对以往的感觉经验在头脑中重塑和再现的过程。在生活中，人有各种各样的感觉经验，例如听觉经验、视觉经验、味觉经验以及本体感觉经验等，而这些经验的形成与获得源自各感觉器官的作用。因此，根据表象训练所依靠的感觉器官，表象可分为听觉表象、视觉表象、味觉表象以及动觉表象等。

此外，根据表象训练中所处的视角，可区分为内部表象和外部表象。内部表象是指运动员亲自体验自己在进行某项技术动作。内部表象强调从身体内部感受到自己正在进行某个动作，不是看到；外部表象是指想象自己正在进行某个动作，就像是看电视一样。例如投篮技术，以内部视角表象去体验投篮的动作，完成这一动作表象，依靠个体的本体去感知。而外部表象强调的是视觉表象，依靠的是视觉表象，通过视觉想象到自己正在投篮。

2. 表象训练实施程序

表象训练的效果取决于运动员自身具有的表象能力，而表象能力的训练是一个长期而系统的过程。一般来说，表象训练的实施共有两个阶段，即基础表象训练阶段与专项表象训练阶段。

（1）基础表象训练。

第一步，教练员向运动员阐述表象的概念与表象训练的相关知识。通过实践，让运动员确信表象训练能够对自己产生作用，对表象训练产生兴趣。

第二步，评估运动员的表象能力。对运动员进行表象能力测试，了解运动员在表象训练中的优势与不足，给训练计划的制订提供依据。

第三步，提高运动员的感觉能力。从表象的概念中可知，表象是在不受外界的作用下头脑对以往成功经验进行重构和再现的过程。这就说明，如果运动员没有良好的视觉察觉能力，那么就无法形成表象。视觉觉察能力是普通人最为熟悉的能力，也是最容易被大脑接受和存储的感觉经验。但就本体的感觉能力来说，就显得相对陌生，这是因为大脑不容易存储这类感觉经验。因此，运动员需要体验在执行运动技能时肌肉用力的本体感觉，通过信息加工，让大脑储存起来并形成记忆。

第四步，表象清晰性与控制性训练。表象训练中，清晰性与控制性是两个重要特征，也是评价运动员表象能力的标准。表象清晰性不仅包括视觉表象的清晰，还包括在技术动作运用中涉及的所有感觉的清晰性。练习清晰性主要是提高运动员表象的鲜明生动性与真实性。表象清晰性的练习方法有手掌观察练习、冰袋练习以及提桶练习等。比如，手掌观察练习是观察自己手掌纹路的深浅、粗细、走向、交叉等特征，之后闭上眼睛进行回忆，看能否在脑海中回忆出自己手掌的模样，越清晰越好。而表象控制性是指运动员是否能够对自己的表象进行操控，如将头脑中表象的两面缩小或扩大。

（2）专项表象训练。进行基础表象训练后运动员的表象会有一定的提高，之后就可结合具体的专项技术或情境进行专项表象训练。在篮球专项表象训练中，既可对相关技术进行练习，当然也可以结合具体情境进行动作表象练习。以投篮技术为例，表象训练要将内部表象与外部表象相结合，外部表象可以加强对动作结构的认识，内部表象可以加强肌肉本体在投篮动作中的感觉体验。

结合具体情境的投篮动作表象是指结合比赛中的各种情境来实施的表象。例如，当比赛还剩很少的时间，本方落后2分，此时你站上罚球线进行两次罚篮。又如，还是最后时刻，本方落后2分，教练员在最后一攻中决定让你来进行最后一投。表象训练应当是各种技战术训练的重要组成内容，它可以在各种环境下来进行。此外，为了确保表象训练达到效果，教练员必须准备各种表象训练脚本，供运动员参考。

（二）注意力训练

1. 篮球运动员的注意力表现

注意主要是指人的心理活动对一定对象的指向和集中，所有的心理活动都是在注意的指向和集中下完成的。正因为注意的出现，才使得我们从一个事物的信息加工转移到另一个事物的信息加工。在篮球比赛中，运动员要时刻保持注意力集中，才能发挥出自己的竞技水平。例如，在进行罚篮时，运动员需要将自己的注意力集中在篮筐和篮板上，同时要忽视观众席的各种干扰和噪声，在比赛中，运动员要保持对比赛本身的关注，及时捕捉相关比赛信息，做出相应的决策和技术动作。

在篮球比赛中，运动员的注意主要包括外部注意和内部注意：外部注意主要是指运动员在比赛过程中要保持广阔的视野，进行传球跑位的选择、投篮的选择等；内部注意主要是指运动员要根据比赛实际情况，选择合理的技战术，及时进行比赛应对。

2. 影响篮球运动员注意力的因素

（1）唤醒水平。在篮球比赛中，运动员的唤醒水平在一定程度上影响着运动员的注意力，唤醒水平过高，会消耗运动员的过多体能，唤醒水平过低，则不能使运动员做好对比赛的充分准备。因此，应该及时调整运动员的唤醒水平，使运动员可以保持充分的注意准备。

（2）体能水平。在篮球竞赛中，运动员的体能水平在一定程度上影响着运动员的注意力。篮球运动是一项高强度的竞技运动，运动员的体能水平非常关键，只有保持充沛的体能等，才能在运动过程中时刻保持注意力，发挥自己应有的技术水平，准确运用自己的战术，从而提高自己的竞技水平和比赛能力。

（3）运动技能熟练程度。在篮球比赛中，运动技能的熟练程度也会影响到运动员的注意力。如果运动员可以熟练地掌握篮球运动技能，如左右手运球技能、脚步灵活运用技能等，那么在比赛过程中，就可以投入更多的注意力来进行场上其他形势的关注，从而有充沛的其他注意资源来进行利用和开发。

3. 篮球运动员注意力的训练方法。

篮球运动员注意力的训练方法主要包括以下两种：

（1）秒表练习。注视手表秒针的转动，先看1分钟，假如1分钟没有离开过秒针,再延长观察时间到 2~3 分钟,等确定了注意力不离开秒针的最长时间后,再按此时间重复三四次,每次间隔时间 10~15 秒。如果能坚持注视 5 分钟而不转移注意力,则为较好成绩。每天进行几次这样的练习,经过一段时间,注意集中的能力就会提高。

(2)模拟练习。主要通过模拟练习的方法熟悉运动情境中可能存在的干扰,减少干扰因素对注意力的影响,如通过对观众席的模拟训练减少助威声对运动员注意力的干扰。

(三)调节情绪的训练

无论是为了篮球心理学的研究,还是为篮球运动员的比赛实践服务,都要考虑运动员的情绪问题。在训练和实战中,运动员都会显露出情绪,篮球运动对抗激烈、快速多变、技术复杂,运动员的表现容易受到情绪的影响。

1. 放松训练

紧张、焦虑不是某类人专有的情绪,在绝大多数人身上都会出现。人在面对一个陌生的情境时,就有可能出现相应的反应。因此,在大型篮球比赛中,运动员出现紧张和焦虑是十分正常的,关键是要学会放松。

"放松"可能是在篮球心理训练中除了焦虑之外的另一个被广泛提及的概念。当运动员处于紧张和焦虑的状态中,教练必然会想方设法让其放松。那么,怎样放松呢?这就引入了"放松训练"的概念。

放松训练是指通过一定的暗示语让运动员的注意力保持集中,再通过调节呼吸,充分放松肌肉,并让全身产生一系列生理性变化,从而让运动员的内心更加平和。运用放松训练的目的是放松肌肉、心率下降、呼吸放慢,从而使运动员身心的唤醒水平降低。

人的心理状态与生理状态之间不是独立的,而是相互作用、相互影响的。所以,心理上出现紧张和焦虑,必然会导致生理出现变化。反过来,生理上的紧张也必然导致心理出现紊乱和不安的现象。由此来看,人体的大脑与肌肉是双向联系的,神经传递不仅发生于大脑向肌肉方向传递,也发生于肌肉向大脑方向传递。

不可否认的是,主观上的情绪体验与客观上的生理反应虽然存在相应的联系,但这种联系不是一一对应的。放松训练的方法具体有渐进放松训练、自生放松训练、自我引导放松、呼吸放松、音乐放松等。无论采取哪种方法,都要遵循一定的要求,如安静舒适的客观环境、运动员积极主动地参与、教练员及时施加指导语、运动员时刻保持专注等。

2. 认知控制技术

放松训练属于一种行为干预技术，认知控制技术则属于认知干预技术。认知控制技术的实质是以改变人的认知方式、思维方式等来调节人的情绪。合理情绪疗法认为，诱发人们出现情绪的因素并不是事件自身，而是人对事件的认知与态度。同样，不同的外部事件作用于不同的人，会导致人出现完全不同的情绪；而相同的外部事件在不同时期作用于同一个人，也有可能导致人出现不同的情绪反应。因此，在调节刺激事件与情绪反应中，人对事物的认识是一个重要因素。然而，个体的认知方式在长期以来受到人的家庭背景、学校教育、生活经验、社会交往等因素综合影响，直观来说是人的一种习惯。因此，改变个体的认知方式需要一个系统、长期的过程。提高运动员认知水平有以下三种方法：

（1）关注可控因素。篮球运动员在比赛前有可能焦虑和紧张，出现这种不良情绪的原因是比赛往往会出现各种不确定的因素，如对手的实力太强、出现受伤等。不确定的情境使运动员感到十分"无力"，就明显感到没有信心，这与日常生活中出现焦虑的诱因完全相同。当人头脑中的不确定感越强烈，其紧张焦虑的心理就越明显。例如，当面对实力不如本队的对手时，运动员的心里就不会感到紧张；一旦面对一个强劲的对手，那么运动员的紧张程度将会直线上升。此外，还有一个诱发焦虑情绪的因素就是比赛的不可控制性，比如去客场作战无法控制比赛场地的条件、在比赛中无法控制本方和对方的比赛感觉、无法控制裁判的判罚等。在通常情况下，运动员要把注意力集中在可以控制的方面上，少去关注那些不可控的因素，因为不可控性越高，产生焦虑的可能性就越大。

（2）自我谈话。在日常生活中，他人的流言蜚语可能让自己的心态发生变化，导致自己在内心不断斗争。篮球训练中亦是如此。教练员指导过程中的语言也会微妙地影响运动员的心理，而运动员心中的"自我"斗争，会导致自己出现不良情绪。

运动员形成的认知方式很多都是由在训练与比赛中消极的自我谈话所引起的，所以要改变这种消极的做法。改变消极自我谈话的方式有三种，分别是认知重构、思维阻断以及对立思维。认知重构就是采用积极的自我谈话取代消极的自我谈话；思维阻断是指通过特定的行为和言语阻止或打断消极自我谈话；对立思维是当头脑中出现消极的想法时思维立刻去想象积极的想法。

(3) 理性看待成败。关于成功与失败，每个人心中都有一杆秤。职业运动员与业余爱好者存在巨大差异，打篮球的人与踢足球的人存在巨大差异，经常打篮球的人和从不参与篮球运动的人存在巨大差异。为了使运动员能够有更多的内控性，就要以具体的人或具体的任务为标准，去评判成功与失败，篮球运动员要建立合理的目标定向。目标定向理论认为，人为了取得成功会形成两种目标定性，即任务定向与自我定向。任务定向的个体以自己为比较对象，自我定向的个体以其他对手为比较对象。由于他人是无法控制的，这就导致自我定向的个体往往处于一个不可控的环境，也就很容易产生失败的念头。对于篮球运动员来说，要更多关注自身的表现，也就是任务定向，要树立"想打败别人，先打败自己"的自我超越的意识。

3. 培养自信

很多篮球运动员都有着这样的情况：在日常训练中，投篮、突破、传球等都发挥出很好的状态，但是在真正比赛中却迷失自我，发挥不出水准。因为在比赛中，运动员的心理肯定要比训练时更为紧张，精神上的压迫更明显，所以不论是运球、传球还是投篮、篮板，所有动作都略显僵硬。事实上，紧张只是外在原因，内在原因是缺乏信心。一些运动员有天赋，有能力，但是没有强大的信心。因此，尽管他们在训练中有非常好的表现，但一到重大比赛中就手软，这类运动员常被冠以"训练型运动员"的称号。

马滕斯的多维焦虑理论很好地诠释了自信心对运动表现的影响。马滕斯认为，认知焦虑与运动表现呈负性线性关系，而状态自信心与运动表现呈正性线性关系。此外，还有很多研究指出，明星运动员与一般运动员的心理具有差异，其中自信就是差异的主要方面。事实上，在比赛中我们都会发现，自信的运动员一般表现都不错，甚至是时常保持着极其出色的状态。人的自信心水平越高，焦虑和紧张的程度就越低；反之，自信心水平越低，焦虑与紧张的程度就越严重。自信的运动员头脑中不会有消极的念头，比赛中处于较高的正性唤醒水平。

所以，避免紧张和焦虑的关键是提升自信。提升自信的心理学方法可以引入班杜拉的自我效能理论。自我效能理论认为，影响个体自我效能的四个因素是成就经验、替代性经验、言语劝说以及生理唤醒。如果运动员的头脑长期保持失败的感觉，是不利于培养自信心的。教练员、运动员要把握一切机会去体验成功的感觉，每一次成功会让运动员更加自信。

目标设置是能够帮助运动员建立成就经验的有效方法。首先，运动员必须围绕自身制订一个目标设置计划，在每个阶段确定相应目标。其次，定期评估每个阶段的目标。如果每个阶段的目标相应实现，运动员的信心就会逐步建立起来。同时，教练员要积极鼓励运动员时常主动回忆完成目标的数量与质量。通过目标设置训练，让运动员充分看到自己的进步与成长，能够让他们充分审视自我，形成自信，知道通过努力是能够实现自己认为无法完成的目标的。但是，目标设置也要遵循一些基本原则，这样才会确保目标设置训练达到效果。

无论是教练员还是运动员，在确定目标时应该注意三点：①目标既有挑战性又有可实现性；②目标要明确，不能模糊；③长期目标结合短期目标。

二、高校篮球运动专项心理训练

篮球运动专项心理训练是根据篮球运动特点和竞赛需要，对运动员施加影响，促使运动员在极度紧张的比赛条件下保持与提高自己的情绪状态，实现自我心理调节，从而将运动能力正常发挥出来的心理过程。运动员的专项心理训练能够使其为比赛和完成难度很大的训练活动做好准备，进而促进运动员发挥最佳运动水平。

专项心理训练是篮球运动员心理训练的重要组成部分，也是高水平运动员现代化训练的重要内容。具体来说，其训练任务主要有以下六个方面：

（1）改善篮球运动员的专门化知觉、记忆、思维、想象等心智能力。

（2）提高篮球运动员的适应能力，尤其是适应篮球比赛活动，促进其时刻保持情绪的稳定性和适宜的兴奋性。

（3）促使篮球运动员对完成技术动作有很好的自控能力。

（4）促进篮球运动员能在瞬间做出准确的时空判断，具备较好的"时机感"。

（5）培养篮球运动员调节和消除自己在训练和比赛中的紧张状态的素养。

（6）提高篮球运动员的意志品质，使其在训练和比赛中能为实现既定的目标而努力。

在系统的篮球运动训练中，运动员注意力的集中、分配及转移在很大程度上决定着上述心理训练任务的实现。这些方面不仅对运动员的运动成绩起到重要的作用，同时也是篮球运动员所必需的心理素质。此外，意志品质对篮球运动员来说也是非常重要的，它是意识中的一个积极方面，与理智和情感相统一，往往可以在困难的情况下对人们的行为和活动起到一定的调节作用。

第六章 现代高校篮球运动技术教学与训练

第一节 高校篮球运动技术教学理论与实践

篮球技术是篮球比赛中运动员为了进攻与防守所采用的专门动作方法的总称，篮球战术是篮球竞赛中队员和队员之间协同运用技术进行攻守对抗的组织形式与方法。

在篮球运动的发展过程中，技术的发展是最活跃、最积极和最具推动力的根本因素之一。篮球运动的每一次变革、每一次飞跃，都与技术的发展密切相关。篮球技术经历了由低级到高级、由简单到复杂、由低强度对抗到高强度对抗的演变历程，是推动篮球运动发展的原动力。篮球技术动作与篮球运动员所具有的技术是两个不同的概念，二者的内涵、外延与评价标准都存在差别。它们之间既有联系又有区别，技术动作是运动员个人技术的表现形式，是个人技术的载体，个人技术是动作的内在属性、内在根据，运动员的技术必须通过动作表现出来。只有经过千锤百炼的各种技术动作，才能在比赛中表现出运动员的技术。在技术教学训练的实践中，教师、教练员需根据学生、运动员的体能条件、战术基础、心理品质及智能等各方面的实际状况，为达到训练和比赛的目标采取各种训练方法、手段，将各种单元的、组合的、衔接的技术动作转化为学生、运动员的技术，这一转化过程即是篮球技术教学和训练的核心。

一、篮球运动技术的教学理论

篮球运动训练是指在教练员的指导和运动员的参与下，为不断地提高和保持运动员的技术水平而专门组织的教育过程。其目的就是通过不断地提高运动员的全面综合素质和运动技术水平，促进身体形态、机能协调发展，并在比赛中创造出优异的运动成绩。篮球运动技术的教学理论是以发展运动员的竞技能力、提高专项运动成绩为目的,研究运动训练过程的规律、原则和方法的一种专项理论。

篮球运动属于同场竞技类项目,本队的竞技水平和教练员的临场指挥水平是决定比赛成绩的主观因素;对手水平、竞赛办法、比赛环境、比赛时间、裁判行为等是影响比赛成绩的客观因素。在日常训练中,要注重运动员和全队的技术、战术、体能以及心理方面的全面训练,加强动机激励。训练要有系统性,在不同的训练周期安排适宜的运动负荷,并注意训练后的适时恢复。

(一)篮球技术的认知

篮球技术是运动员为完成进攻与防守所采用的动作方法的总称,是篮球运动员竞技能力水平的重要决定因素。篮球技术主要包括移动、接球、传球、运球、投篮、抢球、打球、断球、抢篮板球等动作方法以及由多个动作组合所形成的动作体系。篮球运动的各种技术动作,都有着符合人体运动力学基本原理的标准技术及规范的技术要求,合理的、正确的篮球技术还要符合篮球竞赛规则的要求。但对每个运动个体来说,要依据运动员个人的生理学特点,选择和掌握具有个人特征的运动技术。

(二)篮球运动技术体能与身材特点理论

1. 体能的高速发展是基础

运动员技术系统中体能素质的跳跃式发展,为技术和战术的发展打下了坚实的基础。运动员创造了许多新的技术,也创新了许多新的技术动作和配合,为战术的发展打下了坚实的物质基础。例如,行进间空中"飞行投篮"动作,当进攻队员上篮遇到防守封盖时,在空中从篮的侧面"飞行"到另一侧面勾手投篮,没有高超的体能储备,是完不成这一动作的。又如,两人空中传球接力扣篮,动作简单朴实、不复杂,但非常引人入胜,体能素质达到较高的水平,通过练习即可完成这一高难动作的配合,因此体能训练已越来越受到人们的重视。

2. 身材的大型化发展趋势

篮球从它的初创开始,就将球筐固定在空中,从而就确定了其本质属性的一个方面:有利于身材高大的运动员。因此,在其他因素不变的条件下,运动员的身材越高大,完成动作的效果越好。在运动员技术水平评定标准中,完成动作的时效性是重要的标准。由于这一技术趋势的引导，越来越多的高大队员参与到这项运动中来。攻守对抗的日趋激烈增加了对坑的强度，队员间的身体接触无处不在，这就逐渐改变并发展了篮球初创时期避免身体接触的原则。

进攻技术中运动员表现出高、快、强等技术特点，具有更大的冲击力；防守技术中个人防守面积的扩大、防守动作的攻击性，使防守技术体现出了一种全新的特点。在与进攻的对抗中，防守动作总是介于犯规与不犯规之间，处于犯规的边缘，使进攻者更加难以发挥技术优势，也使裁判员的执法更加困难。中锋位置的球员往往兼具攻守技术，他们在争抢篮板球、封盖等技术运用中具有高空优势，在篮下的攻守对抗中具有较大的威力。

当今的篮球运动，促使高大队员的技术向全面发展，1.98米或2米以上的进攻或组织后卫比比皆是。随着篮球运动员综合素质的日益提升，很多球员都可以胜任场上各个位置的攻守任务，使传统意义上的位置分工日趋模糊，中锋、大前锋、小前锋、组织后卫、进攻后卫已没有绝对的位置区别，一名队员往往能够胜任多个不同的位置。

（三）篮球运动技术的心理训练理论

1. 基本心理过程训练

基本心理过程训练是其他心理训练的基础，主要包括认知过程、情绪控制和意志品质训练等。发展运动记忆能使运动员在头脑中对动作的表象和概念有清晰的印象，能快速准确地记忆动作，从而完成组合技术及战术配合。在移动训练中，要学会利用肌肉运动表象的能力。训练运动思维能力，使运动员能迅速分析临时情况的变化和完成战术任务的能力等。注意力是运动员最重要的心理素质之一，在基础训练阶段发展注意力，将对运动员整个运动生涯产生重要影响。进行注意力的广度、稳定性、转移和注意力分配的训练，能使运动员在短时间内根据活动任务的要求进行长时间的注意力集中或灵活地转移，或完成复杂的注意力分配任务等。进行情绪稳定和适宜兴奋性的训练，能提高运动员的情绪控制能力。进行意志品质的训练，能培养运动员的自觉性、独立性、坚韧性和果断性。

2. 专项心理素质训练

专项心理素质包括专门化知觉和专项运动思维等。

专门化知觉是运动员在运动实践中经长期专项训练所形成的一种精细的主体运动知觉，能对器械、场地、运动媒介物质（水、空气等）及专项运动的时间、空间特性等做出高度敏锐和精细分化的识别与感知。运动员在完成动作时，需要多种感知参与，其中肌肉运动感觉起到了重要作用。在运动中经反复训练，与某一专项相关联的分析器得到高度发展并结合时，专门化知觉才能形成。不同项目的专门化直觉是不同的，如球类运动员的"球感"、游泳运动员的"水感"、击剑运动员的"剑感"、射击运动员的"枪感"等。

专门化知觉的形成需要较长的时间，当在教练员的提示下进行有意识的培养、运动员的自我反馈能力又较强时，如训练方法得当，可在一年左右形成。通过自发练习形成专门化知觉，一般需要5～6个月的时间，每个项目之间存在一定差异。如在长期终止训练或身体过度疲劳、有伤病或在过分强烈的情绪状态下，专门化知觉会减弱直至消失。专门化知觉的发展水平与技术水平成正比，它既是掌握专项技术的先决条件，也是专项训练的结果；既是其他运动能力的基础，又是现实技战术的前提。所以，专门化知觉是技术达到高水平并表现竞技状态的优秀运动员的心理标志。专门化知觉在发展水平上的差异可以测量，例如，可通过对刺激微小变化的知觉清晰度让运动员进行自我判断，也可用控制刺激量的方法加以测定。

专项运动思维是判断高水平运动员的重要标志，以运动员对所从事的运动项目的深刻理解和对运动规律的正确认识为基础，表现为技术运用及战术行动的合理性。

二、篮球运动技术的实践应用

篮球运动技术实践运用是指运动员个人在各种运动场景中合理使用技术动作的表现与发挥。

（一）篮球运动技术实践应用的影响因素

篮球运动是同场竞技类项目，一人或多人在相互制约中进行攻守对抗，技术的实践应用是在动态的时空情况下去完成动作。影响技术实践应用的主体因素主要包括以下内容：

第一，身体形态与身体机能。运动技术以身体动作为表现形式，而身体动作表现则以人体解剖结构为基础。篮球比赛速度日益加快，对抗争夺日益激烈，很多情况都是在快速中、高空中、身体接触中完成动作的，这不仅要有全面的、良好的身体素质，还要有持续的良好的机体机能。

第二，神经系统的控制与协调能力。运动技术的合理性依赖于参加动作的肌肉群的协调程度，而这种协调程度又依赖于神经系统对肌肉的合理而精细的支配。良好的协调能力是运动员在复杂多变的篮球场上合理运用动作的基础。

第三，技能的储存与熟练程度。动作技能储存数量越多，越能顺利建立条件反射，只有先掌握规范、熟练的单个技术，再去掌握大量的组合动作，才能在篮球竞赛活动中应付复杂多变的情况。影响技术运用的客体因素主要包括篮球竞赛规则、竞赛环境、器材设备、场地条件等。

（二）篮球运动技术实践应用的特点

第一，动作速度变化快。篮球比赛速度日趋加快，双方在攻守交错中对抗，必须果断迅速地做出决断，付诸行动，决断与行动必须迅速统一，这样才能取得主动与优势。由于攻守双方的相互制约，因此参与者的智慧和谋略至关重要。

第二，技术对抗注重实效。篮球技术大多数行动是在对手的干扰、破坏下进行的，经常发生身体接触，必须适应对抗的需要。篮球是集体参与的对抗类项目，更加强调同伴之间的相互配合与协作。篮球运动中技术的规格和完成过程等必须为效果服务。

第三，技术组合变化多样。在比赛中运用篮球技术时，几乎都是动作组合的运用，而不是单个动作或固定程序的运用。参与者的所有行动随临场具体情况的变化而不同，无固定的程序或模式。动作组合的多样性还包含多变性，表现在动作操作上以及在方向、速度、路线、节奏、幅度等方面的变化，最后达到准确性要求。

第四，技术实践应用表现位置差异。因战术需要而进行的位置分工，对运动员在各自位置上的技术提出了新的要求。运动员根据自己在比赛中所处特定位置的条件，用新的组合技术并以新的形式来适应比赛。位置分工不同，技术运用的方式就会不同，就会表现为不同的特点和内容，从而形成运动员在某个位置上被赋予了一定战术意义的专门技术。

（三）篮球运动技术实践应用的过程要点

篮球技术的实践应用要最大限度地去适应比赛中变化的要求。总的来说，篮球运动技术实践应用过程中主要应注意以下三个方面：

1. 规范技术动作

在篮球比赛中，要想使篮球技术在比赛中发挥出应有的作用，就必须做到全面、快速、准确、应变、智谋、意识、实用。只有掌握规范的、熟练的单个技术，然后再将这些单个的技术有机地组合起来综合运用，才能够在比赛中灵活应付各种复杂多变的情况；只有对所有的篮球技术动作做较高的要求，刻苦训练，才能够使所学的组合技术更好的应用到实践中。

2. 具备良好的身体素质

运动员想要更好地掌握和运用篮球技术，就必须打好基础，坚实的身体素质和充沛的体能必不可少。只有这样才能在篮球比赛中更好地运用篮球技术，取得较为理想的效果。由此可以看出，良好的身体素质是运动员运用篮球技术的有力保证。运动员只有拥有良好的、全面的身体素质，并保持持续运动的身体机能，才能在篮球比赛中争取更多的时间和空间，才能真正地将篮球技术实践应用得更加灵活多变，从而为取得理想的比赛成绩奠定基础。

3. 培养心理素质

篮球技术的实践应用效果，在很大程度上取决于运动员心理素质的好坏。所以，培养运动员良好的心理素质，对篮球技术的运用有着极其重要的影响。这里所说的心理素质，主要包括篮球意识、意志品质和情绪。

第二节　高校篮球运动进攻技术的教学与训练

现代篮球运动要求队员技术全面，能里能外。但由于各位置上的任务和不同特点，一般情况下，我们把身材较高、力量大、弹跳好的队员放在中锋位置上，以加强篮下的进攻力量，也便于抢篮板球。而把投篮准、善于突破和运球的队员放在外围进攻，更能发挥作用。[①]

一、移动技术

篮球最基础的攻防技术是移动。移动技术是指在比赛的过程中，队员针对不同的情况变换不同的速度、方向和高度，是各种腿部动作方法的总称。

[①]《国际篮球运动规则与冠军教练训练技巧详解手册》编委会. 国际篮球运动规则与冠军教练训练技巧详解手册（下卷）[M]. 北京：北京体育大学出版社，2004:771.

在比赛时，球员需要配合脚步动作完成攻防技术。因此，篮球运动员在参加比赛时，需要迅速积极地移动，然后结合各种脚步的运动占据比赛的上风，进而掌握比赛的主动权。所以，掌握和训练篮球技术尤其要注重培养运动员的移动技术。

（一）移动的技术步骤

第一，移动技术教学顺序是：基本站立姿势、起动、跑、急停、转身、跳、滑步，其主要是遵循先易后难、先攻后守的顺序。

第二，移动技术的教学与练习步骤：应先在原地练习，让学生体会动作方法和难点，然后在慢跑中学习掌握正确的动作方法，在掌握各种移动技术之后，要结合一对一的攻守对抗练习，培养、提高学生运用移动技术的意识和能力。

（二）移动的技术动作

1. 起动

起动是队员在球场上由静止状态变为运动状态的一种动作，是获得位移初速度的方法。突然、快速的起动既是进攻队员摆脱防守的有效方法，也是防守队员抢占有利位置、防住对手最有效的方法之一。

动作方法：从基本站立姿势开始，向前启动时，上体前倾，重心迅速前移，后脚前脚掌用力蹬地，结合手臂协调摆动，向前迈出第一步，起动后的前二、三步步幅要小而快。向侧起动跑时，异侧脚前脚掌内侧蹬地，同时上体迅速前倾或侧转向跑的方向移动重心，手臂协调地摆动，充分利用蹬地的反作用力，迅速向跑的方向跑进。

动作要领：身体重心迅速前移，猛蹬地，步幅小而快。

2. 跑

跑是为了完成攻守任务而争取时间的脚步动作，具有快速、突然、多变之特点。比赛中常用的跑有以下形式：

（1）变速跑。变速跑是一种典型的利用节奏变化快速突破防守的移动步法，是队员跑动中利用速度的变换争取主动的一种方法。

动作方法：加速跑时，两脚要突然短促而有力地连续蹬地，同时上体稍向前倾，加快跑的频率；减速跑时，前脚掌用力抵地来减缓前冲力，同时上体直起，保证身体重心后移。

动作要领：掌握快慢节奏，速度变化明显。

（2）变向跑。变向跑是队员在跑动中利用突然改变方向完成攻守任务的一种方法。变向跑与变向后的快速跑结合运用，借以甩开防守，达到接球、抢位的进攻目的。

动作方法：在跑动中，向左变向时，右脚前脚掌落地（脚尖稍向左转），并且用前脚掌内侧用力蹬地，屈膝、腰部随之左转，上体向左前倾，快速移动重心，左脚向左前方跨出，然后加速前进。向右变向时，动作则相反。

动作要领：前脚掌内侧用力蹬地，重心转移要快，右脚上步快。

（3）侧身跑。侧身跑是上体侧向跑动方向，脚尖对着跑进方向的一种跑动方法。队员向前跑动中为了观察球场上的情况，摆脱防守接侧向传来的球经常采用的一种跑动方法。

动作方法：在向前快速跑动中，头和上体向球或目标侧转，两脚尖要朝着移动方向，既要保持奔跑速度，又要完成攻守的动作。比如，做切入时，面向球侧肩转体，用肩压住防守队员接球或护球，加速超越防守。

动作要领：上体前倾，自然侧转，脚尖朝前，身体重心内倾。

3. 跳

跳是在球场上争取高度及远度的一种动作方法，跳的方式一般有两种，分别是双脚起跳和单脚起跳。

（1）双脚起跳。

动作要领：在起跳的时候，要降低两个膝盖弯曲的重心，上体略倾，脚底发力蹬地，伸展膝盖、提腰，两只手臂快速往前上摆动，让身体整个跃起。当身体跳跃至空中时，下肢要自然放松，收紧腰腹，自然伸展。在落地的时候，脚掌先着地，屈膝缓冲承接身体下降的重力，身体一定要保持平衡，这样能够更好地衔接下一个动作。一般情况下，双脚起跳的动作是在原地。

（2）单脚起跳。

动作要领：在起跳的时候，起跳的腿略弯曲往前送，脚跟着地，然后快速屈膝，将力量过渡到前脚掌，然后发力蹬地，这时候还需要摆臂提腰。另一条腿快速跟上前脚的步伐，屈膝上提，当身体达到最高时，前脚发力的腿伸直并齐起跳腿。着地的时候，双脚要保持一点儿距离，注意力量的缓冲，这样能够顺利地衔接下一个动作。

4. 急停

急停是指在运动的过程中突然制动的一种动作技巧，在各种脚步动作的衔接和变化过渡时会用到这个动作，该动作主要分为两种：跳步急停、跨步急停。

（1）跨步急停（两步急停）。

动作要领：在快跑的过程中，跨步急停的第一步要稍微大一点儿，运用脚的外侧着地，屈膝，身体后仰，把重心往后移。紧接着，跨出第二步，着地的时候，脚尖稍微向内转，蹬地的是前脚掌的内侧，整个身体稍微向前倾，重心落在两脚之间，两只手臂弯曲保持自然张开，帮助身体保持平衡。

（2）跳步急停（称一步急停）。

动作要领：跳步急停主要是慢跑中的动作，单脚或者双脚起跳时，身体略后倾，在着地时，两脚同时着地，与肩同宽，前脚掌先着地，弯曲膝盖保持重心，重力平分到两脚之间，从而保持身体平衡。

5. 转身

转身动作的动作要领是：一只脚跨步的同时，另一只脚跟随前脚进行旋转，或者改变身体方向的动作。转身的时候，重心在带动旋转或改变方向的腿上，另一只脚前脚掌着地，并且带动方向的腿要以另一只脚为中心转动，肩膀发力，带动身体转变方向，转身动作结束后，重心要平衡在两脚之间。

转身动作又可以分为前转身、后转身：前转身就是作为中心的脚蹬的位置落在改变方向的脚的前方，做弧形运动；后转身相反，是落于改变方向的脚的后方。

6. 滑步

滑步动作是防守队员需要掌握的基本移动动作。滑步动作比较容易保持身体平衡，并且移动方向也比较灵活。滑步可以随意向前、向后、向侧和后撤。滑步又可以分为前滑步、侧滑步、后滑步。

（1）前滑步。前后脚站立，后脚的前脚掌发力，前脚往前跨一小步，后脚发力往前滑动，身体保持前后开立的状态。前脚的手臂往前上方举起，另一只手臂侧后下方展开。

（2）侧滑步。以基本站姿站立，两脚与肩同宽站立，膝盖深度弯曲，身体前倾，两只手臂往侧面伸展，身体保持平衡，重心落于两只脚之间，眼睛注视对手，保持随时改变方向的状态。如果是向左侧滑步，着力点主要在右脚的前脚掌内侧，左脚也同时向左侧跨出，这时，腰胯一定要发力，保持身体的平衡。右侧滑步的动作与左侧相反。

（3）后滑步。后滑步的动作与前滑步相同，只是移动方向是相反的。

二、传接球技术

（一）传接球的技术步骤

在传接球技术的教学，教师应首先通过讲解与示范的方法使学生初步掌握原地传接球的动作方法，然后逐步过渡到行进间传接球的教学，接着在掌握动作规范的基础上进行移动传接球的教学，再进行与其他技术相结合教学，最后再进行有防守情况下的练习，从而达到提高在实战中的运用能力之目的。

（二）传接球的技术动作

1. 传球技术动作

（1）双手胸前传球。这种传球方法在篮球比赛中是最常见、最基本的传球方式，这种传球方法的特点是传球速度快、到位速度快且方向准确，能够运用的范围广，并且，作为基础动作，能够与突破、投篮等动作有效结合。

动作要领：两只手的手指自然张开，拇指与食指呈"八"字形，两只手持球的位置是各个手指的指根以上部位，掌心为空，手肘自然弯曲在身体的两侧，球放在胸腔的前面，身体保持站立姿势。在传球的时候，脚趾发力，后脚的前脚掌蹬地，前臂在迅速向前传球时，身体重心前移，拨球的时候拇指发力，手腕往前弯曲，食指和中指同时发力把球传出去。球传出去之后，迅速调整姿势，准备接球和运球。如果传球的距离近，那么手臂往前伸展的幅度可以小一点，如果是远距离传球，则动作幅度可以稍微大一点。

（2）单手肩上传球。在单手传球的动作中，单手肩上传球属于最基本的动作。这种技法的特点是：传球的力度大，传球的方向多，并且速度较快，在中长距离的传球中比较常用。

动作要领：单手传球一般是用右手传球，在右手传球的时候，左脚往传球的方向跨出半步，保持往前的姿势，右手托住球，球顺势引到右肩的前上方，手肘往外伸展，上臂水平大致与地面平行，手腕往后仰。左肩面向传球的方向，把身体的重心放在右脚上，带动右手的前臂快速往前上方挥摆，然后扣动手腕将球拨出去，右手腕在传球的时候，要进行明显的曲腕鞭打动作。

（3）单手体侧传球。这种传球方法属于近距离隐蔽的传球方法，常见于近距离的传球中,当外线的队员传球给内线的队员时,常常会运用到单手体侧传球方法。

动作要领:两只脚平行站立,两只手将球置于胸前。当右手传球时,左脚在往左侧前方跨步的时候,把球顺势引至身体的右侧。在传出球的那一刹那,手腕往后屈,将球放在拇指的上方,手心往前,手臂做出弧线的摆动动作,这种传球方式的出球位置是体侧。

2. 接球技术动作

在篮球运动中,接球也是其中非常重要的技术。接球是获得球的基本动作,是阻断球和篮板抢球的关键。队员之间传球的目的是控制球并获得球。在篮球比赛中,除了需要掌握接球技术之外,还需要掌握传球、运球和投篮等关键动作。接球技术又可以分为单手接球和双手接球。

(1)单手接球。单手接球能够做到大范围控制接球,对于不同方向的球都能接,尤其是远距离接球和高空接球,能够最大限度地展示单手接球的优势。单手接球也存在不确定性因素,因为是单手接球,会出现接球不稳的情况,所以,正常情况下,接球尽量用双手接球。如果一定要用单手接球,则一定要向球来的方向迈出,并注视球,看准接球的位置。在接球的时候,五个手指一定要自然分开,手腕呈勺型,手朝球来的方向伸展。

(2)双手接球。在篮球比赛中,双手接球是用得最多的一种方法,也是一种最基础的接球方法。在接球的时候,一定要双目注视球,手臂伸展出去迎接球。手的基本形态是:两个拇指呈"八"字形,手心空出呈半圆形,用拇指接球。相比于单手接球,双手接球的稳定性远高于单手接球,所以在接球的过程中,双手接球用得较多,在身体平衡的前提下,双手接球能够更好地实现传球、投篮和突破。

三、运球技术

运球是指运动员用手连续拍按从地面反弹起来的球的动作过程。运球在一定程度上反映着运动员控制球和支配球的能力。娴熟的运球不仅是个人摆脱、突破防守的进攻手段,也是组织全队战术配合的桥梁,并且对于发动快攻、突破紧逼防守都起着极大作用。不过,运球的最终目的是争取时间和创造战机,因此在训练和教学的过程中,教师在教给学生主球技术的同时,还应教给学生适时而恰当地选择运球时机。

（一）运球的技术步骤

运球技术的教学步骤一般应先教原地运球、行进间高与低运球、运球急停急起、体前变向运球、背后运球、转身运球和胯下运球。教师要向学生讲清运球的目的和作用，以及运用的时机、动作方法、动作要领和关键环节，指导其掌握正确的运球技术。

（二）运球的技术动作

1. 高运球

高运球通常在没有防守队员时运用。同时在行进中按拍球的速度较均匀，因此动作简单易学。

高运球具有便于观察、球反弹性高的特点，因此运动员在运球时要做到两腿微屈，身体稍前倾，目视前方。肘关节是运球的中转轴，手臂要自然弯曲，通过手指和手腕发力按拍球的后下方，食指控制球往前的方向。球的着落点要控制在同侧前方，并且，球的反弹高度要控制在队员胸脯的位置。如果是快速传球，则手触碰球的位置要往后移，加大触碰力度。

2. 低运球

在运球的过程中，如果遇到了防守队员，则要减速、弯腰、屈膝，把身体的重心往下降，然后要控制球保持在膝关节以下的位置，这样是为了防止防守人员从一侧超越，夺球超越前进。

3. 运球急停急起

运球急停急起是指在对手防守紧的情况下，可以通过变换速度摆脱对手。在急速运球的时候突然停下来运球，能够暂时性地避开对手的防守。在急停的时候，身体的重心要下降，通过受控球保持在一个稳定的状态，这时，运球队员一定要目视前方，蓄力急起。

4. 体前变向运球

体前变向运球是指在急速运球的过程中，通过改变运球方向以突破对手的截球，可以向左或向右运球，达到摆脱对手的效果。

动作要领：如果是右手运球，则可以依据以下动作改变球的运动反向：运球员从防守员的左侧变向运球，可以先在防守队员的左侧做运球的假动作，当防守队员顺势拦球的时候，运球员急速用右手运球转向。这时的左脚也应该快速跟上球的运动方向,把整个身体的重心降低,紧贴防守队员的肩,把球压低,运到相反方向。运球运到腹部的高度时,右脚迅速发力往前迈进,左手顺势跟上右脚的步伐,从而超越对手。

5. 运球转身

当防守队员采用紧逼防守,离运球队员距离较近时,队员可采用运球转身方式来突破防守。如果遇到对手逼近自己及距离较近的情况时,队员便不能使用体前变向运球的方式解除这一困境,而需要队员将自己的重心移至左脚,以其前脚掌为轴做后转身,右手将球转到身体后侧方,拍球再转向外侧方,交由左手运球,从而突破防守。

6. 背后运球

背后运球的方式主要运用于对手堵截运球一侧的情况,在这种条件下,防守队员不能采用体前变向运气的方式,而只能采用背后运球方式来突破防守。

在背后运球过程中,队员需要利用背后运球的动作惯性顺势调整身体重心,身体向左侧转,出右脚向左侧突破,且将重心转移到左脚,从身体背后运球至身体的另一侧,调整自己的节奏,变向突破防守队员的防守,从而能够在合适的时机出手投篮。

四、投篮技术

"投篮指进攻队员将球从篮圈上方投入篮筐的各种动作行为总称,它是篮球运动的主要进攻技术,是唯一的得分手段。"[1]投篮是进攻队员将球投入对方球篮而采用的各种专门动作方法的总称。投篮是篮球比赛中唯一的得分手段,投篮得分的多少直接决定着比赛的胜负,而一切进攻技战术运用的最终目的都是创造更多更好的投篮机会,是整个篮球技术体系的核心。因此掌握和运用好投篮技术,不断地提高投篮命中率,对于学习篮球运动技能具有十分重要的意义。

(一)投篮的技术步骤

在投篮技术的教学过程中,教师应先开展原地投篮教学课程,先让学生熟悉投篮的感觉,锻炼自己的手感,接着再展开原地跳起投篮教学、单手低手投篮教学以及单手肩上投篮教学等课程。

---

[1] 梁林.浅谈篮球进攻细节——投篮技术[J].职业圈,2007(24):68-69.

教师应需要通过自己的示范和讲解使学生了解、掌握投篮技术，建立正确又完整的投篮技术动作、投篮手法和技术概念系统。当然，学生也要通过自己所学到的技术步法、基本手法等加紧练习，不断增加练习的密度、强度、难度、距离和次数，以提高突破攻守对抗的能力和投篮技术能力。

投篮技术的学习主要是为了提高投篮命中率。在实际操作中，球的旋转、出手动作、入篮角、抛物线、出手速度、出手角度、协调用力、瞄篮点、持球方法、外界因素和心理因素等都会影响投篮命中率，这些影响因素相互影响且相互联系。由此看来，在实际投篮过程中，学生应做好各影响因素和身体各部分连贯协调的配合工作，积极控制好自己的心态，从而大大提升投篮命中率。

(二) 投篮的技术动作

1. 原地投篮

（1）原地单手肩上投篮。原地单手肩上投篮是行进间投篮和跳起投篮技术的基础，是比赛中最常用的投篮方法。它具有出手点高、便于结合其他动作、不易被封盖等优点，因此在篮球比赛中被广泛使用。

动作方法：（以右手投篮为例）双手持球于胸前，肘关节自然下垂，两脚前后或左右开立，两膝微屈，重心落在两脚之间，屈肘，手腕后仰，掌心向上，五指自然分开，持球于右眼前上方，左手扶球侧，上体放松并稍后倾，目视瞄篮点。投篮时，下肢蹬地发力，上肢随着蹬地向前上方伸臂，两手腕同时外翻，手腕前屈，拇指用力拨球，使球通过食、中指端将球投出。球出手时，身体随投篮出手方向伸展。

（2）原地双手胸前投篮。原地双手胸前投篮是篮球运动中较早的投篮方法之一，这种投篮方便跟其他技术结合，而且能充分发挥全身的力量，适用于中、远距离，一般女子运用这种投篮较多。

动作方法：两手持球于胸前，手指自然分开，拇指相对呈"八"字形，用指根以上部位握球的两侧后下方，手心空出，两臂自然屈肘，肘关节下垂，两脚前后或左右开立，两膝微屈，重心落在两脚上，眼睛注视瞄准点。投篮时，下肢蹬地发力，两臂向前上方伸直，前臂内旋，拇指下压，手腕前屈，食、中指用力拨球，通过指端将球投出。球出手时身体随投篮出手方向自然伸展，脚跟微提起。

2. 行进间投篮

第一，行进间单手肩上投篮。这一投篮技术动作是篮球运动和篮球比赛中最广泛应用的方式。这种投篮技术动作可以以身体为屏障保护好球，且球的出手点也比较高，容易提高投篮命中率，主要适用于突破篮下、快攻等情况，即跑动中投篮。对于行进间单手肩上投篮动作来讲，投篮者应在快速跑动和运球中完成接球、运球和投篮的动作。具体来讲，投篮者应在接球的同时向前跨出一大步，另一只脚随之跟上，全脚掌着地，稳住重心，准备前脚掌起跳，右腿屈膝上抬，再由双手共同支撑球过肩头，再转由右手撑球，手指、手腕同时用力进行原地单手投篮动作，投篮结束后，投篮者快速回落地上，双脚着地，双腿弯曲，从而减缓快速落地对身体的伤害。

第二，行进间单手低手投篮。这种投篮动作方式不仅具有伸展距离远的优点，还具有速度快的特点，多运用于在快速跑动中、接近篮下的情况。对于行进间单手低手投篮动作来讲，投篮者同样也是在接球的同时跨出一大步，另一只脚随之跟上，稳住重心，用力起跳，当到达最高点时，再由右手托住篮球，中指和食指用力，朝着球篮的上方，投出篮球，完成投篮动作。

3. 跳起投篮

投篮技术动作包括跳起投篮技术，也被人们称之为跳投技术。这种投篮方式通常与运球突破或传球等投篮动作相结合，提高投篮命中率。对于跳起投篮技术来讲，其主要适用于背对球篮接球后转身、行进间急停、原地运球等情况，且具有不易防守、出球点高以及突然性强的特点。

对于跳起投篮技术动作来讲，投篮者应双手持球，双膝微屈，把握好自己的重心，将球移至自己的眼睛上方，然后双脚用力向上弹跳，当到达最高点时，右臂向前上方伸展，手腕向下和向前将球投出。在这一过程中，投篮者应稳定自己的心态，眼睛注视着球篮方向，提高投篮命中率。

4. 扣篮

扣篮技术动作是投篮技术发展史中一项重要标志。扣篮又称为灌篮，是篮球比赛中常见的一种技术手法，由扣篮者高高跃起，用力将球由上而下灌入篮中，完成投篮过程。对于投篮这种技术动作来讲，投篮者在投篮过程中不仅具有最佳的入射角，而且出手点也比较接近球篮，因此投篮的命中率非常高，且也不会存在投篮抛物线这一影响因素。由此看来，扣篮这一技术动作具有准确性高、难封盖、攻击性强、球速快以及出手点高等优点。在世界强队比赛中，扣篮这种技术动作在其中发挥着越来越重要的作用，得分占比也越来越大，因此，扣篮方式也随着实践发展而呈现出多样化的特点，如凌空接扣、反手扣、正手扣、双手扣、单手扣、行进间扣以及原地扣等形式。当然，扣篮技术动作难度比较大，投篮者需要良好的控制球能力、弹跳能力，提高自己的身体素质。扣篮技术动作主要包括行进间单脚起跳单手扣篮和行进间单脚起跳双手扣篮两种方式。

第一，行进间单脚起跳单手扣篮。对于这一技术动作来讲，投篮者右脚先迈出一大步，左脚随之跟上，并用力向上弹跳，同时举起手臂，越过球篮高度，眼睛盯着球篮，选取合适投篮角度将球从上而下投入球篮中。投篮结束后，投篮者应主要掌握自身的重心，并使用屈膝的动作进行缓冲，减少快速落地对身体的伤害。

第二，行进间单脚起跳双手扣篮。对于这一技术动作来讲，投篮者首先双手持球至胸前，双脚用力向上弹跳，双手将球向上举至最高点，眼睛盯着球篮，选取合适投篮角度将球从上而下投入球篮中。投篮结束后，投篮者应控制好身体平衡，掌握自身重心，并使用屈膝的动作进行缓冲。

5. 补篮

补篮是指投篮未中，球刚从篮圈或篮板弹出时，在空中运用单手或双手将球托入或拨入篮圈的投篮，补篮是一种无明显持球动作直接用力投篮的方式。补篮时，队员应根据腾空后，人、球、篮的相对位置、高度、角度以及防守情况，灵活地选择补篮的方法。以下是两种基本补篮方法：

单手补篮：以右手为例，当球从篮圈或篮板反弹时，要准确地判断球的反弹方向，及时起跳，手臂向球的方向伸出，当跳至最高点、手臂接触球的一刹那，在空中用手指、手腕的力量将球投入篮圈。

双手补篮：球反弹方向在头的正上方时多采用双手补篮。起跳后，双手触球后可用拨球的方式将球投向篮圈，其他动作与单手补篮基本相同。

五、抢篮板球技术

抢篮板球技术是指双方队员争抢投篮未中的球，主要包括抢防守篮板球、抢进攻篮板球两种方式。抢防守篮板球是指如果对方投篮未中，则防守队员所争抢的球，也称为后场篮板球；抢进攻篮板球是指如果对手投篮未中，则本方队友所争抢的球，也被称为前场篮板球。篮板球的争夺是攻守矛盾转化的关键，是增加进攻次数的有力保证，对比赛的胜负起着至关重要的作用。

（一）抢篮板球的技术步骤

在抢篮板球技术动作教学过程中，教师应对抢球、判断起跳、抢占位置以及移动等内容进行教学。首先，教师应让学生了解抢篮板球对篮球比赛的重要性，加强学生对抢篮板球的学习和练习，从而培养和提高学生积极拼抢的意识、勇猛顽强的战斗作风。其次，教师也可以在教学过程中使用分解教学的手法，先让学生学习抢球和原地起跳动作，再学习起跳抢篮板球、挡人以及移动抢位等动作，并在此基础上逐渐加大练习难度，稳固自己的基础，从而能够在对抗的条件下学习抢篮板球动作。当然，学生也要掌握投篮的落点规律和反弹规律，培养抢防守篮板球时的挡抢意识、抢进攻篮板球时的冲抢意识。

（二）抢篮板球的技术动作

抢进攻篮板球是进攻队的一个重要进攻环节，是争取继续控球权的重要手段，也是争取获胜的主要途径之一。进攻队员抢篮板球时一般处于防守队员的外侧，需要移动和摆脱对手，因此抢进攻篮板球时要突出一个"冲"字。

对于抢篮板球技术动作来讲，其关键就是要抢占位置，设法抢占在对手与球篮之间的位置。当队友投篮的时候，靠近球篮的进攻队员要对球的反弹方向有一个大致的估算，及时起跳，并在抢球落地后及时护住球。在这一过程中，进攻队员要向相反方向侧前方跨步，并通过假动作引诱开防守队员，再抢占有利的位置，用力起跳至最高点，然后抢篮板球或者是进行补篮动作。当然，这一技术动作主要适用于篮下进攻队员抢篮板球的情况。对于处于外线位置队员抢篮板球的情况时，进攻队员应在队友投篮之后及时观察球的落点、速度以及反弹方向，并根据实际情况进行抢篮板球行为和补篮行为。

总之，进攻队员在抢篮板球时要把握时机，准确判断时间，及时抢占有利位置并进行起跳，并根据投篮的实际情况组织第二次进攻或者补篮行为。

六、持球突破技术

持球突破技术是一种攻击性很强的技术动作，是持球队员使用高超运球技术、脚步动作快速超越对手的一种方式。这种技术能够打乱对方的防守部署，使得己方队友的进攻战术更加机动、灵活，创造更多合适的进攻机会，赢得比赛胜利。因此，在实际篮球教学过程中，教师应着重培养学生的临场观察判断能力，灵活应对比赛中遇到的任何情况，从而为队友争取到更好更多的投篮机会。

（一）持球突破的技术步骤

在实际持球突破技术动作教学过程中，教师应通过自身的演示和形象的讲解为学生做出正确的示范，而学生也应该通过自己的不断练习建立正确的训练体系，掌握动作要领，从而达到重点突破的效果。当然，教师在教学过程也需要遵守从简到繁和从易到难的原则，以培养学生积极的心态，从而达到良好的效果。

（二）持球突破的技术动作

1. 交叉步持球突破

交叉步持球突破技术具有易护住球的优点，主要适用于离防守队员较近的情况，因此也更适用于初学者。

学习交叉步持球突破的学生要注意各动作的连贯协调性，两脚左右开立，双膝微屈，双手持球于胸前。突破时，队员可以通过假动作引开防守队员的注意，使用蹬跨、转体探肩和蹬地加速的技术动作，并结合传球、虚晃和投篮的虚晃动作完成突破。

2. 同侧步持球突破

同侧步持球突破技术主要适用于防守队员失去重心且离自己较近的情况。同侧步持球突破技术加速时间比较短，起动突然，且初速度也比较快。

第三节　高校篮球运动防守技术的教学与训练

防守技术是防守队员为阻挠和破坏对手的进攻，合理运用脚步移动和手臂动作，积极抢占有利位置，以达到争夺控制球权的目的所采用的各种专门动作方法的总称。

一、抢防守篮板球

防守队员抢篮板球要突出一个"挡"字，利用自己占据篮下或内侧位置挡抢篮板球。

篮下队员在抢篮板球时，面对进攻队员试图投篮，需根据对手移动的情况和位置运用上步、撤步和转身等动作把进攻队员挡在后，并抢占有利位置。因距离篮筐较近，攻守距离也近，一般多采用后转身挡人。挡人抢位动作应是低重心，两肘外展，抢占空间面积，保持最有力的起跳姿势。挡人主要是为了延误对手抢位起跳，所以转身挡人动作完成后，应迅速起跳抢篮板球。篮下队员也可以适时合理地运用直接冲抢篮板球的方法，获球后，最好能在空中将球传给同伴，完成发动快攻的第一传；如没有机会，落地后应侧对前场，观察情况，迅速传球发动快攻或运球突破摆脱防守后及时将球传给同伴，要充分发挥篮板球的攻击作用，不能只是消极地保护球。

二、防守有球队员

防守有球队员的主要任务是尽力干扰和破坏其投篮，堵截其运球突破，封锁其助攻传球，并积极地运用抢、打、断球的技术，从而达到控制球权的目的。

（一）防守有球队员的基本方法

1. 防守的位置与距离

防守有球队员时，防守人应站在对手与球篮之间，使对方、自己和球篮保持在一条直线上。一般来讲，离篮远则远，离篮近则近。同时还应根据对手的进攻技术特点以及防守战术的需要调整防守距离。

2. 防守动作

由于场上的情况是千变万化的，所以防守时应根据持球队员的进攻特点、意图及球篮距离不同，防守有球队员的技术动作也有所不同。从脚步动作来讲通常防守有球队员有以下两种防守方法：

（1）平步防守。两脚平行站立，两手臂侧伸，不停挥摆。这种站位防守面积大，攻击性强，便于向左、右移动，适合于贴身防守运球突破。在对手运球停止时，封堵传球以及进行夹击防守配合时均可运用平步站位防守。

（2）斜步防守。两脚斜前站立，前脚的同侧手臂上伸，另一臂侧伸，两膝弯曲，降低重心。这种方法便于前后移动，对防投篮比较有利。不论采用什么防守方法，都要积极移动，当对方持球或运球突破时，应迅速后撤，堵截其突破路线，迫使对手处于被动。当对手做各种假动作时，要能判断真假，不要被其迷惑而失去合理的防守位置。当对手投篮时，要准确地判断其起跳时间，及时起跳进行封盖。

三、防守无球队员

在篮球比赛中，防守队员绝大部分时间是防守无球队员。防守无球队员的主要任务是不让对手在有效攻击区内顺利接球，随时准备抢断传向自己对手或穿越自己防区的球，并快速地进行反击。

（一）防守无球队员的基本方法

1. 防守位置

正确占据有利的防守位置是防守成功的重要条件，选择防守位置要做到"球、人、区"兼顾原则。防守队员要根据对手、球篮和球的位置与距离，以及对手的身高、速度、进攻特点、战术需要和自身防守能力来选择防守的位置和距离。选位于对手与球篮之间偏向有球一侧的位置上。

2. 防守姿势

正确的防守姿势能保证扩大控制面积和及时向不同方向移动。选择防守姿势与对手和球的距离远近有关。

（1）强侧防守。防守距离球较近的对手时，经常采用面向对手侧向球的斜前站立姿势。靠近球侧的脚在前，屈膝，重心在两脚之间，便于随时移动，堵截对手摆脱防守后移动接球的路线。伸右侧手臂，拇指朝下，掌心向球，封锁传球路线，干扰对手接球。

（2）弱侧防守。防守距离球较远的对手时，为了便于人球兼顾和协防，经常采用面向球、侧向对手的站立姿势。两脚开立，两腿稍屈，两臂伸于体侧，掌心向着球的方向。密切观察球、人的动向，并随着球或人的移动而不断地通过滑步调整自己的防守位置。

3. 脚步动作

防守时，防守队员要根据球和人的移动，合理地运用脚步动作，以保证及时占据有利的防守位置，争取主动。在与对手发生对抗时，重心下降，双脚用力扒地，两腿弯曲，扩大站位面积，上体保持适宜紧张度，在发生身体接触瞬间提前发力，主动对抗。合理使用手臂动作干扰对手视线，以扩大防守空间，保持身体平衡，快速移动，抢占有利位置。

第七章 现代高校篮球运动战术教学与训练

第一节 高校篮球运动战术教学设计与应用

"传统篮球竞技比赛观念需要转变，凶悍拼斗意识与扎实掌握实战本领同等重要。谁能有智谋地顽强拼争防守和取得篮板球主动权，谁就能掌握比赛的全面主动，从而取得比赛的全面胜利。"[①]

一、篮球运动战术设计原理

（一）篮球战术设计原则

篮球战术设计是指运动员根据不同的原则、内容与形式，部署与运用具体的战术方案，包括具体的战术打法、战术阵型和战术特点等。"战术是篮球运动的重要组成部分，战术训练也是球队训练的重中之重。战术训练不仅具有技术训练的不断重复、熟练的过程，更具有集体性、攻守平衡性、多变性等特点，所以训练过程复杂而多变。如何搞好篮球战术训练，并能在比赛中合理地、灵活地运用战术，最大限度地发挥集体力量和个人作用，是摆在每位教练员面前的重要课题。"[②]战术设计的好坏能反映出一个篮球队的技术水平的高低。在篮球运动实践中，战术设计应遵循以下四个原则：

1. 均衡性和连续性原则

首先，篮球战术的设计关系到整个比赛的输赢，因此应从整个比赛攻守

---

① 培菊，李剑．篮球技战术教学与训练[M]．北京：北京体育大学出版社，2018:1.
② 张成龙．现代竞技篮球战术训练新思考[J]．广州体育学院学报，2012，32（6）:77-80.

动态的过程去考虑篮球战术。在战术开始发动到战术结束的整个转换过程中，都要对运动员的位置分布、移动、衔接、主攻与辅攻、强侧与弱侧、内线与外线、快与慢等进行考虑和部署。

其次，不同战术之间的转化应迅速、及时，应注意战术的衔接、变化、实施的连续性，做到有序不乱，以免对方有机可乘。

2. 针对性与优化性原则

一方面，篮球战术的设计应有明确的目标，有针对性地计划和实施战术，使战术的运用既能发挥本方优势，又能限制对方；另一方面，篮球战术的阵容结构要优化组合，既要有突破一点带动全局，又要有各种不同形式的搭配，能根据赛场态势优化组合、出奇制胜。

3. 长远性和近期性原则

篮球战术的设计应重视长远性和近期性相结合，在与篮球队近期的比赛任务相结合的基础上，重视与篮球队的长远奋斗目标、指导思想相结合，通过阶段性、年度性的训练计划逐渐培养和形成本队的打法与风格。

4. 稳定性和机动性原则

篮球战术的设计应重视稳定性和机动性相结合，在战术指导思想指导和战术方法的实施上，坚持执行本队既定战术打法，同时辅以其他应变性措施，充分发挥队员在比赛中的主观能动性，根据具体情况机动灵活地运用篮球战术。

（二）篮球战术设计程序

1. 确立篮球战术理念

篮球战术理念是篮球战术思想的精髓，具有个体性特征，能最大限度地发挥全队成员技能、体能、心理素质等综合潜能，构建符合实际的、行之有效的战术模式。在现代篮球运动实践中，教练员和运动员应当根据篮球运动的竞技特征和规律，正确把握篮球运动的前沿趋势，认真分析自己在运动实践中遇到的各种战术问题，确立正确的篮球战术理念，以更好地指导篮球运动实践。

2. 提出篮球战术模式

战术模式的建立不是一蹴而就的，需要教练员或运动员在认真分析篮球队已经确立的战术指导思想、研究战术的实质与原则的基础上，对所选择的战术打法提出初步的设想，紧密联系本队的技术水平、特长，提出具体的篮球战术模式，并结合实践经验，进行优化组合。

3. 制定篮球战术环节

制定篮球战术环节是篮球战术设计的重要步骤，战术环节是否明确、合理、衔接流畅等直接关系到战术设计的成功与否。因此，必须对篮球战术的各个环节进行细致周密的考虑，如队员位置、队员职责、移动路线、战术阵势、攻击时机、攻守平衡与转换等。

二、篮球运动战术运用原理

（一）篮球战术的指导思想

篮球战术的指导思想是篮球战术的重要构成部分，是篮球战术内容的核心和前提。篮球比赛的赛场形势多变，树立正确的战术指导思想是科学实施篮球战术的第一步，具体应注意以下两点：

第一，教练员和运动员必须正确地认识与处理篮球技术与战术、篮球战术与谋略、篮球战略与战术、篮球意识与行动等之间的关系，认真分析篮球比赛中各种复杂多变的战术应用形势，在篮球运动规律的指导下，审时度势地采用进攻与防守、区域与盯人、正面与侧面、内线与外线、紧逼与松动、常规与特殊、高度与速度、分散与集中等战术打法捕捉战机，争取主动。

第二，教练员和运动员应注意分析篮球比赛的赛场形势变化，做到从实际出发，分清主要矛盾与次要矛盾，分清主次及其相互关系，明确在一定条件下主次之间的相互转化，针对主要矛盾充分发挥运动员的主观能动性和战术配合优势。

（二）篮球战术的科学实施

篮球战术的实施由开始组织、配合攻击、结束转换三个阶段构成。

第一，开始组织。开始组织是指攻守结束后，下一回合开始阶段的战术实施，主要表现为双方各自转入有组织的进攻或防守阶段，根据各自的战术迅速进入激烈的对抗阶段。

第二，配合攻击。配合攻击是指队员之间相互协同组织攻击或制约对方的行动。篮球进攻战术的目的是投篮得分，篮球防守的目的是争夺控制球权。配合攻击就是结合战术目标，进行战术方法、主攻方向、防守突破、时机捕捉、策应变化等的配合。

第三，结束转换。结束转换是指在完成攻击的同时，顺利转入下一回合的对抗。在篮球运动实践中，抢篮板球是篮球攻守战术方法的重要组成部分，获球是攻守转换的重要信号。在战术运用过程中，整个篮球队应注意保持攻守平衡，以便于顺利组织下一次的有效进攻和防守，避免出现措手不及让对方有机可乘的现象。

（三）篮球比赛的战术准备

篮球比赛的战术准备是根据比赛双方的具体情况，有针对性地找出比赛中实施某种战术的方案。赛前战术准备的主要任务和内容包括以下四个方面：

第一，确定方案。确定方案是指确定具体的战术打法，必须有周密的调查研究和合理的组织力量。

第二，战术部署。战术部署的主要内容在于确定上场阵容（主力阵容）及替换原则，明确主要的战术打法，提出关键的战术环节和具体的战术实施要求，制定比赛中可能出现的情况的应变战术，明确比赛过程和态势，确保战术可行性和有效性。

第三，调整心态。调整心态是为了激发运动员的比赛动机和竞争精神，使运动员以最佳的心理状态投入比赛。在比赛前，应针对运动员在比赛过程中可能出现的各种心理反应提出适当的调整措施，提高运动员承受各种心理压力的能力。

第四，战术运用。在比赛前，每名运动员都应该明白和坚决贯彻战术指导思想和战略意图，统一思想、统一行动，在强调以整体战术行动为主的前提下，允许个人临场灵活应对和技能发挥。

第二节 高校篮球运动进攻战术的教学与训练

篮球运动进攻战术主要分为快攻、进攻半场人盯人战术、进攻区域联防战术和进攻全场紧逼人盯人战术等。

一、快攻战术

快攻是获球后由守转攻时，以最快的速度、最短的时间超越对手，争取以多打少，或在人数相等的情况下，在对手立足未稳时，抓住战机，果断而合理地进行快速攻击的一种进攻战术。快攻战术一般分为长传快攻、传球与运球结合的快攻和运球突破快攻三种组织形式。除长传快攻由发动和结束两部分组成外，其他快攻的组织结构都由发动与接应、推进和结束三部分组成。

（一）长传快攻

长传快攻是队员在后场获球后，用一次或两次传球把球传给快下的同伴进行攻击的一种方法。这种快攻只有发动和结束两个阶段，特点是时间短、速度快、战术组织简单，但要求快下队员意识强、速度快，发动队员传球要及时、准确、视野开阔。在比赛中，运动员一般使用抢篮板球后长传快攻、掷后场端线球长传快攻、断球长传快攻三种方式。

（二）传球与运球结合的快攻

1. 快攻的发动与接应

获球的队员要有发动快攻的意识，能全面观察场上情况，并迅速、及时、准确地进行第一传；接应队员应迅速摆脱防守，及时选择有利位置。如前场罚球线附近或两侧边线、中场两侧边线或本队习惯的接应点等。接应分为固定接应和机动接应两种。固定接应包括固定地区固定队员的接应、固定地区不固定队员的接应、固定队员不固定地区的接应等形式。机动接应是防守队抢到篮板球后，根据对方的具体情况，谁处于有利的接应位置就将球传给谁。这种接应机动灵活，不易被对方发现，更能争取时间。

2. 快攻的推进

传球推进是队员间运用快速传球向前场推进。这种推进的特点是速度快，对队员行进间传接球的技术要求高。推进过程中队员间要保持纵深队形，无球队员要积极摆脱防守，并随时准备接球，有球队员要判断准确、传球及时，尽量斜传球，避免横传球。

运球推进是指接应队员接球后立即快速向前场运球突破。运球推进中要随时观察场上情况，及时将球传给快下的同伴，以免影响快攻的速度。

传球与运球结合推进是根据场上情况，及时快速向前场推进，机动性大，在推进过程中能传就不运、不能传要立即快速运球突破，以保持推进的速度。

3. 快攻的结束

快攻的结束是指快攻推进到前场最后完成攻击的阶段，此阶段是快攻成败的关键。快攻结束阶段要求进攻队员对防守的意图加以预测和判断，并及时、果断选择进攻点，顺利完成进攻。快攻结束阶段要求持球队员判断准确、传球或投篮及时果断，无球队员要占据有利位置，伺机接球投篮，积极冲抢篮板球或补篮。

（三）运球突破快攻

运球突破快攻是指个人抢断球或抢获篮板球后，抓住战机，快速运球超越对手直攻篮下得分的快攻形式。

二、进攻半场人盯人防守战术

进攻半场人盯人防守战术主要是针对半场人盯人防守所采用的进攻方法。半场阵地进攻的形式多种多样，各有特点，要根据防守的阵形和本队的特点加以运用。

（一）进攻半场人盯人防守战术的基本要求

第一，根据本队队员的身体条件和技术特点，组织实施全队战术，扬己之长，攻彼之短。

第二，由快攻转入阵地进攻时，要落位迅速，保持队形，人、球移动，调动防守，捕捉战机，连续进攻。

第三，内外线进攻相结合，全队配合与个人攻击相结合，针对不同的防守形式，攻其薄弱环节，不断提高战术质量。

第四，运用穿插、空切、突分、掩护等配合，破坏对方的防守配合，加重其局部防守的负担，尽可能形成局部区域的以多打少。

第五，提高中、远距离投篮命中率，积极组织冲抢篮板球，保持攻守平衡。

（二）进攻半场人盯人防守战术的常用队形

阵地进攻中，要根据本队条件和防守队的特点以及选择的战术来确定进攻的队形，进攻人盯人防守战术要充分利用传切、掩护、突分和策应等基础配合，打乱对方的防守体系，并结合个人的攻击能力，创造得分机会。常用的阵地进攻队形有以下两种：

第一，"3-2"队形。该队形的进攻特点是有利于外围掩护、传切和中锋的策应与篮下进攻。

第二，"1-2-2"队形。该队形的进攻特点是有利于外围传切、掩护，中锋篮下移动。

（三）进攻半场人盯人防守战术的主要方法

进攻半场人盯人战术方法是篮球战术中种类最多、变化最多的战术。根据它们的特点可分为以下五种进攻方法：

第一，通过中锋进攻法（单中锋、双中锋）。

第二，外线"8"字运球掩护进攻法。

第三，底线"8"字掩护进攻法。

第四，综合进攻法（将传切、掩护、策应、突分配合中两种以上方法综合组织到战术中）。

第五，移动进攻法。

三、进攻区域联防战术

进攻区域联防战术就是根据区域联防战术的特点和本队的实际情况，通过合理的战术配合形式，避其长处，攻其弱点，有针对性地组织进攻战术。

（一）进攻区域联防战术的基本要求

第一，进攻区域联防有效的方法就是争取打快攻，使防守者形不成联防的阵势。

第二，当对方形成联防阵势时，应根据其防守队形，采取插空落位的进攻队形。

第三，进攻时应快速传球，调动防守，创造进攻机会。

第四，进攻时，运用各种配合或穿插移动，打乱对方的队形，造成局部的以多打少，创造投篮机会。

第五，准确的中、远距离投篮是破联防的有效方法，应利用防区的薄弱地区和创造出来的投篮机会，大胆果断地进行中、远距离投篮。

第六，把争夺前场篮板球组织到进攻战术中，争取二次进攻机会，同时还应注意保持攻守平衡。

（二）进攻区域联防战术的落位队形

进攻区域联防的落位队形有四种："1-3-1""2-1-2""2-3""1-2-2"。

四、进攻全场紧逼人盯人战术

进攻全场紧逼人盯人在教学训练安排上先教前场进攻配合（落位阵形），再教中场、后场进攻配合方法，最后过渡到整体进攻配合。

（一）进攻全场紧逼人盯人战术的基本要求

第一，当对方采用全场紧逼人盯人防守战术时，全队要沉着、冷静、积极主动，抓住由守转攻的时机，快速组织反击。

第二，持球队员不要盲目运球，不要轻易地在中场角或底线角停球，争取快传、快跑，突破防守。

第三，无球队员要积极、合理地移动，快速进行掩护或摆脱，创造传切、策应、突分进攻机会。

第四，队员在场上的位置分布要保持一定的距离，拉大对方的防区，以破坏对方的协同防守。

第五，根据本队特点，争取从后场开始组织连续配合，开展进攻，创造突破机会，造成以多打少、以快制胜的局面。

第六，多采用快速传球、短距离传球进行攻击。

（二）进攻全场紧逼人盯人防守战术的主要方法

进攻全场紧逼人盯人防守战术主要采用四种方法：三人掩护配合、两侧掩护配合、中路运球突破、策应配合。

第三节 高校篮球运动防守战术的教学与训练

篮球运动防守战术主要分为防守快攻战术、半场人盯人防守战术、区域联防战术和全场紧逼人盯人防守战术。每个队员防守的区域及快速合理的轮转是防守战术的关键。

一、防守快攻战术

防守快攻应从提高进攻成功率方面着手，以减少不必要的失误。投篮不中，要积极冲抢篮板球，力争二次进攻机会。若对方抢到篮板球，应立即转入防守，及时堵截第一传和接应，在有序的退守中"堵中间，卡两边"，在中场堵截，破坏进攻节奏，争取抢断球，最大限度地降低对方发动快攻的次数和成功率。主要采用以下三种方式：

第一，堵截快攻的发动与接应。

第二，夹击第一传。

第三，快攻结束阶段以少防多。其中包括半场一防二、半场二防三两种方式。

二、半场人盯人防守战术

半场人盯人防守是每个防守队员在后场盯住一个进攻队员，同时协助同伴完成全队防守任务的防守战术。

（一）半场人盯人防守战术的基本要求

第一，以防球为主，在持球队员进入进攻点后，力求不给持球队员投篮、突破和向内线传球的机会。

第二，其他防守队员在移动中贴近对手的身体，采用平步防守姿势扩大防守的面积。

第三，防守无球队员时，始终保持人、球、篮兼顾的有利位置。做到有球侧以多防少，无球侧以少防多，尽可能切断持球队员与无球队员之间的联系。

（二）半场人盯人防守战术的主要方法

1. 半场扩大人盯人防守

半场扩大人盯人防守是一种紧逼对手、破坏对方习惯配合、积极主动的防守战术形式。半场扩大人盯人防守主要是对付外围攻击力强而内线相对较弱的队，突然采用这种防守方法，容易奏效。该防守战术的基本方法如下：

（1）由攻转守时，迅速回防，在球进入3分线之前，找到各自的防守对手，并迎上去，当进攻队员进入3分线时，紧逼防守，并防止突破。

（2）当进攻队员进入罚球线一带时，积极抢前防守，阻挠对方接球，破坏其进攻配合，控制持球队员，运用挤过防守，不让对方掩护成功。

（3）当球在两侧或场角进攻时，及时"关门"或补防，迫使底线突破者停球，阻止其通过篮下，利用边角组织夹击防守，高大队员及时绕前防守，控制篮下。

2. 半场缩小人盯人防守

半场缩小人盯人防守主要是针对内线攻击能力强，而外线投篮威胁不是很大的情况下所采取的防守战术。半场缩小人盯人防守是一种对有球紧，对无球松，并根据球的位置来掌握松紧度的防守形式。该防守战术的基本方法如下：

（1）破掩护、交换防守或协防。

(2）围守中锋防突破。

三、区域联防战术

区域联防是每个队员负责防守一定的区域，并与同伴协同配合，用一定的队形把每个区域都联系起来，造成局部区域以多防少的集体防守战术。

（一）区域联防战术的基本要求

第一，由攻转守，前场干扰，阻挠快攻，伺机抢断，逐步退守，快速布阵。

第二，保持阵形，随球转移，协同一致，变换队形。

第三，分工明确，控制防区，严防篮下，封堵外围。

第四，有球盯人，无球防区，"关门"协防，漏防补位。

第五，底线卡位，溜底紧贴，迫送对手，注意球踪。

第六，横传抢断，封锁禁区，伺机反击，断球快攻。

（二）区域联防战术的常见阵形

1."2-1-2"区域联防阵形

"2-1-2"区域联防阵形的特点是以防内线为主，外围得分手不超过2人时采用。该阵形的位置分布均匀，故机动性较大。

2."2-3"区域联防阵形

"2-3"区域联防阵形的特点是篮下防守力量较强，有利于争夺篮板球，有利于对付擅长篮下进攻的队。该阵形与"2-1-2"区域联防阵形一样，两侧45°外围一带是薄弱区域，容易进攻队投篮。

3."3-2"区域联防阵形

"3-2"区域联防阵形是针对内线攻击能力较弱，而外围投篮较准，组织配合能力较弱的队。该阵形可以破坏对方的外围进攻，创造抢球、打球、断球反攻机会。

4."1-3-1"区域联防阵形

"1-3-1"区域联防阵形主要是针对"1-3-1"队形进攻的队。该阵形可以加强防守中锋和前锋在限制区和两侧的进攻，薄弱区域与"3-2"区域联防阵形相似。

各种形式的区域联防都有一定的防守薄弱地区，因此在比赛过程中，队员既要有区域分工，又要在某些特定的情况下暂时放弃没有威胁的局部区域，在危险区域以多防少，大胆地运用协防配合。

四、全场紧逼人盯人防守战术

全场紧逼人盯人防守战术要求临场的每一个防守队员，从自己的前场开始就要对对手进行紧逼防守，对进攻队员采用堵截、夹击、换防、抢断等防守配合，达到延误或破坏对手有计划、有组织地进攻投篮的目的。

根据进攻队在前场、中场、后场进攻战术的不同，全场紧逼人盯人防守须采取相应的不同战术配合。在教学训练安排上先教前场紧逼，再教中场紧逼和后场紧逼，最后进行完整的训练。

（一）全场紧逼人盯人防守战术的基本要求

第一，由进攻转入防守时，要快速找人、抢位、紧逼对手，以人为主，人球兼顾，控制对手。

第二，防守无球队员时，以阻挠接球为主，离球远时，可根据人、球、区的位置、距离，大胆放弃自己的对手，积极堵截、夹击、补防或换防。

第三，防持球队员，以迫使他向边线运球为主，并逼迫他停球，创造夹击机会。

（二）全场紧逼人盯人防守战术的常见形式

1. 前场紧逼防守

（1）对方在后场外掷界外球时的紧逼方法。

（2）夹击接应的紧逼形式。

（3）机动夹击接球者的紧逼形式。

2. 中场紧逼防守

（1）在对方运球向前推进时堵中放边。

（2）同伴防守队员要根据场上情况和时机，大胆上前包夹对方运球队员。

（3）一旦包夹开始，后面的防守队员要向前补防并积极抢断对手的传球。

（4）对手如将球传出或突破包夹，要立即回撤，重新组织防守力量。通过急与缓的节奏打乱对手的战术节奏。

3. 后场紧逼防守

后场紧逼防守按半场扩大人盯人防守原则进行防守。

参考文献

[1] [英] 杰里·V. 克劳斯，克雷格·纳尔逊. 篮球技术与训练精要：第4版 [M]. 张磊，李野鹏，译. 北京：人民邮电出版社，2021.

[2] 《国际篮球运动规则与冠军教练训练技巧详解手册》编委会. 国际篮球运动规则与冠军教练训练技巧详解手册（下卷）[M]. 北京：北京体育大学出版社，2004.

[3] 柏杨. 校园篮球 [M]. 上海：东华大学出版社，2019.

[4] 陈杰. 功能性力量训练在高校篮球训练中的应用研究 [J]. 湖北理工学院学报（人文社会科学版），2018，35（6）：67-70.

[5] 陈杰. 篮球运动教学理论创新与实战技巧研究 [M]. 北京：中国原子能出版社，2019.

[6] 陈强. 高校篮球运动体能训练和战术意识培养研究 [J]. 当代体育科技，2022，12（17）：40-43.

[7] 冯岩. 篮球裁判入门 [M]. 武汉：中国地质大学出版社，2004.

[8] 何鹏飞. 高校篮球训练中体能训练现状和对策 [J]. 当代体育科技，2019，9（36）：27-28.

[9] 侯博怀，刘海燕. 个性化教学在国内高校篮球教学当中的运用 [J]. 当代体育科技，2019，9（15）：133-134.

[10] 乐玉忠，张伟. 校园篮球文化建设与教学创新探索 [M]. 北京：中国商业出版社，2018.

[11] 李斌，刘培超. 试论高校篮球校队运动员的爆发力训练 [J]. 湖南人文科技学院学报，2022，39（6）：123-128.

[12] 李戈，孙润娟. 高校篮球课教学中运动教育模式的应用 [J]. 当代体育科技，2022，12（11）：83-85，91.

[13] 李立坚. 论新篮球运动与高校体育篮球教学 [J]. 北京印刷学院学报，

2011, 19（5）：40-42.

[14] 李鹏伟. 核心力量训练在高校篮球训练中的应用探讨 [J]. 山东农业工程学院学报, 2019, 36（12）：165-166.

[15] 李作平. 浅谈高校篮球教学中运动战术意识的培养研究 [J]. 当代体育科技, 2018, 8（09）：81-82.

[16] 梁会. 高校篮球运动教学改革与教学创新发展现状 [J]. 当代体育科技, 2020, 10（28）：5-6, 9.

[17] 刘建武. 运动教育模式在高校篮球课程教学中应用研究 [J]. 当代体育科技, 2015, 5（9）：54-57.

[18] 刘梦辰. 论新篮球运动与高校体育篮球教学 [J]. 当代体育科技, 2017, 7（35）：64, 66.

[19] 刘盛晖. 高校篮球训练的理念与训练方法 [J]. 当代体育科技, 2021, 11（2）：55-57.

[20] 潘志翔. 高校篮球运动教学现状探究 [J]. 教育评论, 2018（12）：167.

[21] 培菊, 李剑. 篮球技战术教学与训练 [M]. 北京：北京体育大学出版社, 2018.

[22] 丘文俊. 关于高校篮球训练理念与训练方法应用的思考 [J]. 青少年体育, 2022（9）：65-66, 60.

[23] 冉志钢. 高校篮球运动发展的制约因素及应对策略研究 [J]. 青少年体育, 2019（11）：105-106.

[24] 荣从民. 高校公体篮球教学引入运动教育模式的探讨 [J]. 艺术科技, 2016, 29（3）：390.

[25] 尚志强. 篮球文化. 技术与传播 [M]. 北京：中国传媒大学出版社, 2015.

[26] 宋朝融. 基于阳光体育背景下高校篮球运动发展策略研究 [J]. 体育世界（学术版）, 2019（7）：156, 160.

[27] 睢强. 高校篮球教学中运动战术意识培养研究 [J]. 青少年体育, 2018（04）：66-67.

[28] 王小明, 黄远望. 浅析高校篮球运动与教学 [J]. 中国职工教育, 2014（18）：178.

[29] 王小宁. 高校篮球运动发展的制约因素及策略研究 [J]. 体育世界（学术版）, 2018（4）：132, 123.

[30] 杨华. 高校篮球运动教学改革研究［J］. 湖南城市学院学报（自然科学版），2016，25（3）：355-356.

[31] 伊承昊. 篮球体能训练秘籍［M］. 北京：机械工业出版社，2015.

[32] 余丁友. 现代篮球运动教学与训练研究［M］. 北京：冶金工业出版社，2019.

[33] 袁春泰. 高校篮球教学中运动战术意识的培养研究［J］. 当代体育科技，2019，9（26）：161，164.

[34] 张波，胡良玉. 篮球裁判基础理论与实践［D］. 成都：四川大学出版社，2012：2.

[35] 张聪. 高校篮球教学中运动战术意识的培养策略［J］. 当代教育实践与教学研究，2016（7）：114.

[36] 张军. 核心力量训练在高校篮球训练中的应用研究［J］. 体育科技，2019，40（06）：156，158.

[37] 张孔军. 浅谈高校篮球运动发展的制约因素及解决策略［J］. 当代体育科技，2018，8（35）：133，135.

[38] 张伟，肖丰. 高校篮球运动教学理论与方法研究［M］. 北京：新华出版社，2019.

[39] 张亦男，戴成梁，孟凡良. 功能性训练在高校篮球运动教学中应用效果的实验研究［J］. 北京电子科技学院学报，2021，29（01）：41-46.

[40] 赵颖慧. 高校篮球运动基本理论教学水平研究［J］. 教育评论，2018（11）：166.

[41] 周梅芳，问梅. 高校体育课篮球运动教学研究［J］. 当代体育科技，2016，6（27）：24，26.